职业教育烹饪（餐饮）类专业“以工作过程为导向”
课程改革“纸数一体化”系列精品教材

ZHIYE JINGSHEN YU ZHIYE SUYANG

职业精神与职业素养

主　编　商连生
副主编　曹凤杰　魏春龙
参　编　（按姓氏笔画排序）
闫雅娟　宋春玲　张　瑜　张文静　张雪文
易　冲　高　芳　韩　柳　韩荫华

中国·武汉

内容简介

本教材是职业教育烹饪(餐饮)类专业“以工作过程为导向”课程改革“纸数一体化”系列精品教材。

本教材包括4个模块内容。内容包括筑匠魂、怀匠心、守匠情、践匠行。每个模块包括6课时教学内容和3课时综合实践活动内容。每课时分为7部分:学习任务、学习目标、案例引导、知识积累、实践探究、学以致用、知识拓展。

本教材可供职业学校烹饪(餐饮)类相关专业学生使用。

图书在版编目(CIP)数据

职业精神与职业素养/商连生主编. —武汉:华中科技大学出版社,2020.8 (2023.8 重印)
ISBN 978-7-5680-6430-9

Ⅰ. ①职… Ⅱ. ①商… Ⅲ. ①职业道德-研究 Ⅳ. ①B822.9

中国版本图书馆 CIP 数据核字(2020)第 149888 号

职业精神与职业素养
Zhiye Jingshen yu Zhiye Suyang

商连生 主编

策划编辑:汪飒婷
责任编辑:汪飒婷 郭逸贤
封面设计:原色设计
责任校对:刘 竣
责任监印:周治超
出版发行:华中科技大学出版社(中国·武汉) 电话:(027)81321913
武汉市东湖新技术开发区华工科技园 邮编:430223
录 排:华中科技大学惠友文印中心
印 刷:武汉科源印刷设计有限公司
开 本:889mm×1194mm 1/16
印 张:11.25
字 数:276 千字
版 次:2023 年 8 月第 1 版第 3 次印刷
定 价:39.80 元

职业教育烹饪（餐饮）类专业“以工作过程为导向”
课程改革“纸数一体化”系列精品教材

编委会

总序

FOREWORD

职业教育作为一种类型教育，其本质特征，诚如我国职业教育界学者姜大源教授提出的“跨界论”：职业教育是一种跨越职场和学场的“跨界”教育。

习近平总书记在十九大报告中指出，要“完善职业教育和培训体系，深化产教融合、校企合作”，为职业教育的改革发展提出了明确要求。按照职业教育“五个对接”的要求，即专业设置与产业需求对接、专业课程内容与职业标准对接、教学过程与生产过程对接、学历证书与职业资格证书对接、职业教育与终身学习对接，深化人才培养模式改革，完善专业课程体系，是职业教育发展的应然之路。

国务院印发的《国家职业教育改革实施方案》（国发〔2019〕4 号）中强调，要借鉴“双元制”等模式，校企共同研究制定人才培养方案，及时将新技术、新工艺、新规范纳入教学标准和教学内容，建设一大批校企“双元”合作开发的国家规划教材，倡导使用新型活页式、工作手册式教材并配套开发信息化资源。

北京市劲松职业高中贯彻落实国家职业教育改革发展的方针和要求，与大董餐饮投资有限公司及 20 余家星级酒店深度合作，并联合北京、山东、河北等一批兄弟院校，历时两年，共同编写完成了这套“职业教育烹饪（餐饮）类专业‘以工作过程为导向’课程改革‘纸数一体化’系列精品教材”。教材编写经历了行业企业调研、人才培养方案修订、课程体系重构、课程标准修订、课程内容丰富与完善、数字资源开发与建设几个过程。其间，以北京市劲松职业高中为首的编写团队在十余年“以工作过程为导向”的课程改革基础上，根据行业新技术、新工艺、新标准以及职业教育新形势、新要求、新特点，以“跨界”“整合”为学理支撑，产教深度融合，校企密切合作，审纲、审稿、论证、修改、完善，最终形成了本套教材。在编写过程中，编委会一直坚持科研引领，2018 年 12 月，“中餐烹饪专业‘三级融合’综合实训项目体系开发与实践”获得国家级教学成果奖二等奖，以培养综合职业能力为目标的“综合实训”项目在中餐烹饪、西餐烹饪、高星级酒店运营与管理专业的专业核心课程中均有体现。凸显“跨界”“整合”特征的《烹饪语文》《烹饪数学》《中餐烹饪英语》《烹饪体育》等系列公共基础课职业模块教材是本套教材的另一特色和亮点。大董餐饮

投资有限公司主持编写的相关教材，更是让本套教材锦上添花。

本套教材在课程开发基础上，立足于烹饪(餐饮)类复合型、创新型人才培养，以就业为导向，以学生为主体，注重“做中学”“做中教”，主要体现了以下特色。

1. 依据现代烹饪行业岗位能力要求，开发课程体系

遵循“以工作过程为导向”的课程改革理念，按照现代烹饪岗位能力要求，确定典型工作任务，并在此基础上对实际工作任务和内容进行教学化处理、加工与转化，开发出基于工作过程的理实一体化课程体系，让学生在真实的工作环境中，习得知识，掌握技能，培养综合职业能力。

2. 按照工作过程系统化的课程开发方法，设置学习单元

根据工作过程系统化的课程开发方法，以职业能力为主线，以岗位典型工作任务或案例为载体，按照由易到难、由基础到综合的逻辑顺序设置三个以上学习单元，体现了学习内容序化的系统性。

3. 对接现代烹饪行业和企业的职业标准，确定评价标准

针对现代烹饪行业的人才需求，融入现代烹饪企业岗位工作要求，对接行业和企业标准，培养学生的实际工作能力。在理实一体教学层面，夯实学生技能基础。在学习成果评价方面，融合烹饪职业技能鉴定标准，强化综合职业能力培养与评价。

4. 适应“互联网＋”时代特点，开发活页式“纸数一体化”教材

专业核心课程的教材按新型活页式、工作手册式设计，图文并茂，并配套开发了整套数字资源，如关键技能操作视频、微课、课件、试题及相关拓展知识等，学生扫二维码即可自主学习。活页式及“纸数一体化”设计符合新时期学生学习特点。

本套教材不仅适合于职业院校餐饮类学生教学使用，还适用于相关社会职业技能培训。数字资源既可用于学生自学，还可用于教师教学。

本套教材是深度产教融合、校企合作的产物，是十余年“以工作过程为导向”的课程改革成果，是新时期职教复合型、创新型人才培养的重要载体。教材凝聚了众多行业企业专家、一线高技能人才、具有丰富教学经验的教师及各学校领导的心血。教材的出版必将极大地丰富北京市劲松职业高中餐饮服务特色高水平骨干专业群及大董餐饮文化学院建设内涵，提升专业群建设品质，也必将为其他兄弟院校的专业建设及人才培养提供重要支撑，同时，本套教材也是落实国家“三教改革”要求的积极探索，教材中的不足之处还请各位专家、同仁批评指正！我们也将在使用中不断总结、改进，期待本套教材拥有良好的育人效果。

职业教育烹饪(餐饮)类专业“以工作过程为导向”课程改革

“纸数一体化”系列精品教材编委会

前言

PREFACE

一、指导思想

中等职业学校思想政治课必须以习近平新时代中国特色社会主义思想为指导，深入贯彻党的十九大精神，落实立德树人根本任务。本书为满足中等职业学校烹饪专业思想政治课职业模块教学需要而编写，着力于中等职业学校烹饪专业学生职业精神与素质培养，培育和弘扬工匠精神，为中国优秀职业精神与文化固本培元，为实现两个百年目标，实现中华民族伟大复兴的中国梦实践助力。

二、内容结构

本教材以中华人民共和国教育部印发的《中等职业学校思想政治、语文、历史课程标准(2020年版)》为依据，结合中等职业学校烹饪专业学生职业素养培养需求，遵循工匠精神的内在培养逻辑，阐述了工匠精神培养过程与内容，旨在培养学生的职业精神、健全人格和政治认同感，自觉培育和践行社会主义核心价值观。本教材包括四个模块内容，即“筑匠魂”“怀匠心”“守匠情”“践匠行”。每个模块包括6课时教学内容和3课时综合实践活动内容。每课时分为7部分：学习任务、学习目标、案例引导、知识积累、实践探究、学以致用、知识拓展。

三、教材特点

本教材突出了以下特点：

第一，以工匠精神培养的内在逻辑过程与内容为依据，突出工匠精神养成的可视性、可操作性、可检测性。本教材在模块整体架构中体现铸魂、育心、守情、践行的工匠精神、职业精神与素养的培育路径结构，在课时教学中实现“是什么”“怎么做”的培育落实结构，清晰明了地实现育人成果和目标。

第二，以大师、名师、榜样为引领，突出职业精神、职业素养及工匠精神的传承与创新发扬。本教材在模块教学中广泛选取餐饮行业技能大师、名师和具有广泛影响力的职业榜样，发挥引领

作用，充分体现正确的育人导向和强化社会主义核心价值观的价值引领。

第三，以理论与综合实践活动相结合，突出做中学、做中教，促进工匠精神培育与职业素养提升。本教材在教学中充分体现职业教育教学特色，理论与实践相统一，显性教育和隐性教育相统一。每课时都配有相应的实践探究活动、学以致用的综合实践活动，以最大限度满足需求的多样性，满足育人目标和育人目的的完美结合。

本教材由商连生担任主编，曹凤杰、魏春龙担任副主编，主要负责全书的体例设计、统稿及两个模块 6 课时的编写和综合实践活动设计，宋春玲、张文静、韩荫华、韩柳、高芳、闫雅娟、易冲、张雪文、张瑜主要负责三个模块 18 课时教材内容编写和综合实践活动设计。

在教材编写过程中，教育部职业技术教育中心研究所特聘研究员、滁州职业技术学院张健教授，北京市职业教育课改专家杨文尧校长，北京市朝阳区教育研究中心职成教研室张俊英主任，以及北京市劲松职业高中督导室主任范春玥老师对本教材核心内容逻辑结构搭建的指导与梳理及样章、文稿审核提供了大力支持与帮助。在此再次向各位专家、老师表示深深的感谢。

由于时间仓促，编者水平有限，本教材会有很多疏漏和不足之处，敬请广大读者谅解，还希望各位专家、老师、同学和各界的朋友们提出宝贵意见和建议，以便修订时及时改正。

编　者

目录

CONTENTS

Note

Note

模块一

筑匠魂

□□□□□□□□□□□

匠魂是匠人的最崇高的思想境界和精神追求，是对理想信念的坚守和执着，是对烹饪饮食文化的发掘、继承与发扬，是对烹饪技艺不懈探索与追求的责任意识和使命感，是人的价值的发现和实践的精神体验。

第一课时

树理想　有信念

学习任务

理想信念是人生的精神引领，它能够为人生确立目标和体现意义，它为人生指明追求的目标和前进的方向。它可以使人在复杂的人生境遇中透过迷雾看到光明，认清自己前进的方向。厨师职业是平凡的，在平凡的工作领域中，矢志不渝，做出成绩，理想信念对个人成长与发展起到了关键的作用。通过学习了解什么是理想信念，理解理想信念的作用，进而树立并坚定自己的理想信念。

学习目标

（1）能准确说出理想信念的含义。

（2）能够列举对厨师理想信念方面的要求。

（3）树立并培养厨师不忘初心，为实现中国梦不懈奋斗的理想信念。

（4）努力践行理想信念，用中国梦指引做好自己的厨师职业工作。

案例引导

刘广伟，东方美食研究院院长，曾代表国家参加第20届世界奥林匹克烹饪大赛。

刘广伟曾说，“1978年我学厨的时候，就有一个梦想，做一个烹饪艺术家。在学校老师的教育和启发下，我逐渐喜欢上了烹饪这个专业。朦胧中我感觉厨师制作出来的作品，同样具备高度的艺术性，且不仅仅是视觉的审美，在这个领域我同样可以实现艺术家的梦。任何艺术都是个性的、是手工的、是依靠人的五官感知的，烹饪具备这样的属性。”

在刘广伟看来，一般的艺术品，只能通过某一个感觉器官引发人们的愉悦。比如绘画、雕塑，是视觉审美的艺术；音乐是听觉审美的艺术。唯有烹饪，是视觉、嗅觉、味觉、触觉、听觉五种感官感知的，是“五觉”审美的艺术。从这个意义上可以说，一般的艺术都属于单元、双元审美艺术，唯有烹饪是多元审美艺术，烹饪是“全感艺术”，是一门大艺术！

他怀揣烹饪艺术家的梦想，不断研究菜品，不断博采众长，不断实践尝试，取得了一系列骄人的成绩。他不仅仅有做烹饪艺术家的梦想，他的梦想还有许多。

如实现厨房数字化、智能化，烹饪艺术家们摆脱烟熏火燎的恶劣劳动环境，摆脱挥汗如雨、艰

辛烦琐的体力劳动，使用先进科学的设备仪器，激发出更多的艺术创造力，为食客展示独具个性、垂涎欲滴的烹饪艺术作品。

如梦想有一天，各种食材的种植养殖环境更环保、更生态。食材更天然、更安全、无污染。不再捕杀、销售、食用、烹制珍稀野生动植物，在维护生物多样性的基础上，弘扬中餐艺术的多样性。烹饪艺术家能够面对各种高品质食材，充分发挥他们的艺术天赋，为食客烹制既美味、艺术又安全、健康的佳肴。

如梦想有一天，所有的中国人，不论城市和农村，所有喜欢中餐的外国人，不论美洲和欧洲，都能尽享丰富多彩、博大精深的中餐烹饪艺术，将物质享受与精神愉悦融为一体，人人都能因此而健康、长寿、快乐。

如梦想有一天，能够创建一所烹饪艺术大学，培养出新一代既能文又能武的烹饪艺术家。同时，创建烹饪艺术的学科体系，填补烹饪艺术理论空白，使千百年来师徒相承的传统技艺，更加理性，更加科学。

他期待更多的烹饪艺术家诞生，百个，千个，万个！

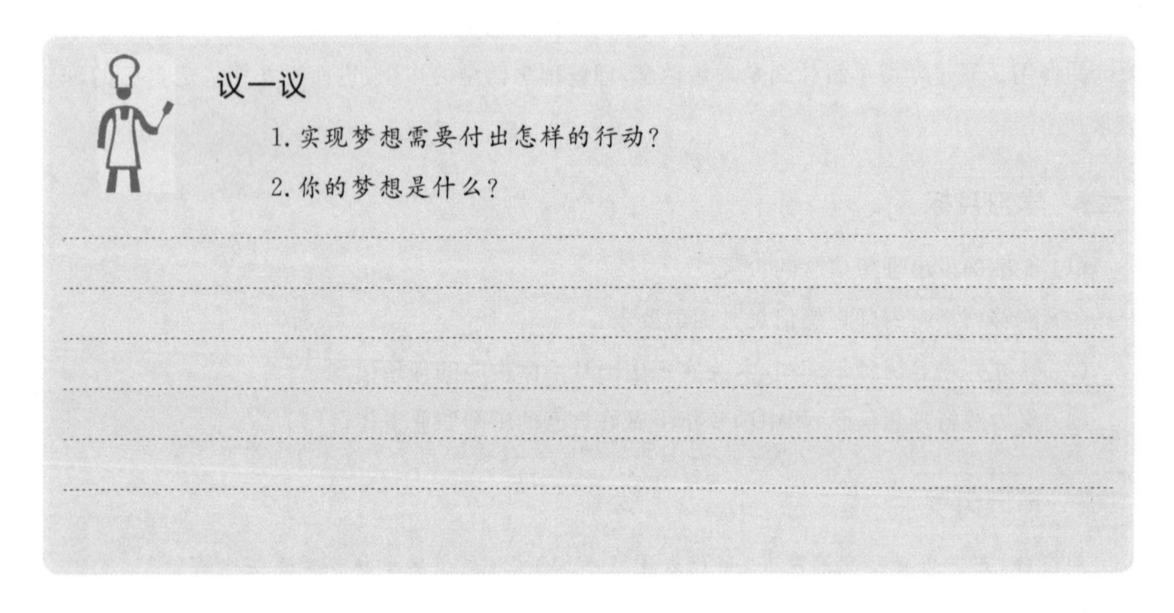

知识积累

职业是现代人生存发展的重要舞台，是现代人实现自我成长与价值的重要平台。职业理想已日渐成为人生理想的重要组成部分。职业理想对个人在社会的生存和发展具有重要的意义。

厨师是有着几千年传统的职业。有句至理名言“民以食为天”，而“食”离不开烹饪，烹饪离不开厨师。随着社会不断发展以及餐饮业的日渐繁荣，厨师越来越受到人们的尊重和关注。

一、职业理想，引领人生

职业理想是人在自己的职业方面根据社会需求和个人实际情况而确立的个人奋斗目标和方向，是个人期望达到的职业生涯的高度。职业理想是个人对将来自己所从事职业的渴望和追求，不仅包括对未来自己所从事的职业方向和职业门类的追求，同时也包括对职业成就的期待。它是人们实现个人生活理想、道德理想和社会理想的手段。作为中职生，青年时期是人生观、世界

观形成的重要阶段，也是自己的职业理想孕育和树立的关键时期，能够在这一时期确立高远的职业理想，对于未来的发展，意义是非凡的。职业理想作为理想的重要组成部分，它不仅体现了个人的职业价值观，而且也能够直接指引个人的择业意向与择业行为。每个人都有自己的职业理想，在不同的年龄阶段，人的职业理想对人生发展和社会发展的作用都是十分巨大的。

(一)职业理想确立人生的总体定位

职业理想不是抽象的，而是具体的、形象的、现实的。这种对职业的向往和追求不仅使人有努力的具体方向和目的，而且还指向现实中具体的职业岗位。职业理想一旦树立就相当于为个人的未来发展确立了人生最关键、最重要的奋斗目标，为一个人确立了人生的总体定位，个人就会不遗余力地为了实现职业理想而拼搏奋斗。职业理想会为个人成才提供动力。每个人都渴望成功成才，但是没有一个人可以轻而易举、随随便便到达成功的巅峰。遇到困难时，是攻坚克难、勇往直前还是一蹶不振、知难而退，此时，有无坚定的职业理想，其表现是大相径庭的。此时，职业理想不会让你临阵脱逃，而会给你带来前进的助力和克服困难的勇气，为你成功攀登人生高峰提供源源不断的动力。一个人树立了职业理想，即使在平凡的岗位上也能够脚踏实地，任劳任怨，努力工作，在平凡的工作岗位上创造出非凡的成绩。相反，一个人如果没有牢固树立职业理想，就会失去工作的热情，在困难与挫折面前没有前进的勇气与信心，导致自己一生庸庸碌碌，毫无成就。职业理想为一个人的成功成才指明了方向，确立了定位，从而使自己的人生发展获得更广阔的空间和平台。作为一名烹饪专业的学生，树立自己的职业理想，为自己的职业发展进行合理定位与规划，就能够在学习的过程中更专注，更集中，更有韧劲儿，进而收到更好的学习效果，为自己职业生涯发展奠定坚实的基础。

(二)职业理想促进人生价值的实现

古今中外，伟大的理想、崇高的信念往往能够释放人生的光彩，发掘人们的才智与潜能，激励人们激流勇进。同样，有职业理想的人，会有精神的支柱和动力的源泉，会有明确的奋斗方向，会对自己的职业前途充满信心，乐于全身心倾注到自己热爱的事业中去，创造更多的社会价值，实现自我价值。人的生命的意义是厚重的，每个人要力求活出生命的价值感，获得人生的意义。职业理想的实现便是实现人生价值的重要途径。同时，职业理想和信念会使人意识到自己的社会责任，有奋发图强的精神和永不言弃的信念，做好每一项具体的工作，在实现自己的职业理想的同时创造社会价值，回馈社会。一个人的青年时期，是播种理想与希望、确立信念与目标的关键期，是规划未来人生蓝图的黄金阶段。这一阶段，人们充满着激情与朝气，充满着力量与智慧。这时的青年学生确立了什么样的理想信念，很大程度上决定了其未来会度过怎样的人生，而职业理想从根本上决定了一个人的人生意义与价值。作为中职生，我们只有确立和坚定自己的职业理想，才能够使自己的人生潜能获得最大限度开发，人生价值获得最大化实现。

(三)职业理想的实现促进社会的发展与进步

社会中有着千千万万不同的职业，每个职业的从业者如果都能够树立更高远的目标并去努力实现它，那么我们社会的方方面面就会不断地进步，经济发展，文明进步，人们的生活质量也会不断提高。可见，职业理想的实现不仅仅对个人有着极大的意义，更对社会发展起到关键的推动

作用。习近平总书记说过,“中国梦是我们的,更是你们青年一代的。中华民族伟大复兴终将在广大青年的接力奋斗中变为现实。”青年人实现职业理想的动力和源泉在于推动和实现社会的发展,实现民族的振兴,这是青年人努力实现职业理想的职责与使命,这种使命感会给每一位实现职业理想的青年人带来前进的动力和克服前进道路中困难的勇气。如果每位青年都能树立“天下兴亡,匹夫有责”的强烈使命感和民族责任感,那么在个人发展的道路上一定能够拥有更大的奋斗格局,拥有无限的奋斗能量!

二、职业理想,决定一生

职业理想对个人的成长与发展具有强大的推动力是不言而喻的,它像一盏指路明灯,照亮和指引着我们前进的路,确立职业理想引领人生航向。

(一)选择专业,确定职业理想

走进职业院校,学生们选择了专业,不同的专业意味着要从事相对应的职业。当我们选定了专业的那一刻,就要确定自己的职业理想。确定了职业理想才有奋斗的目标和动力,在面对诸多困惑和选择时,才能把握好人生的方向。人生发展的许多目标是通过职业理想确立并最终通过职业理想的实现而达到或完成的。著名作家托尔斯泰曾说过:“理想是指路明灯,没有理想,就没有坚定的方向;没有方向,就没有生活。”可见,确立了合理且切合实际的职业理想才能够开启美好的职业生涯。

(二)在实践中检验职业理想

社会是人生的大舞台,实践是检验真理的标准。衡量一个人的职业理想正确与否,不是凭主观上的感觉而定,而是要坚持客观标准,以社会实践的反复检验,看个人与职业的适应性而定。随着时代的发展,自身条件的不断变化与完善,自己的职业理想也会在实践中得到验证,如其是否符合自己职业生涯的设计与发展。如果产生职业理想不适应自身发展的情况时,我们应进行及时、科学、有效的调整。

(三)在实践中不断完善职业理想

随着人们对外界事物的认识水平的不断提升,自身因素与条件的变化,社会的发展与变迁,职业理想也会发生一定变化。任何一个人的发展都离不开自己身处的社会时代,离不开特定的社会环境与历史关系,因此一个人只有把职业理想种植于社会现实中,考虑社会现实的需求,从社会实际出发,完成从“我想做”转变为“我能做”到“我适合做”的转变,才能真正实现自身的可持续发展,真正达成自我实现的目的。因此,每个青年人在实现自己职业理想的实践过程中,要不断根据社会的现实与需要做出有利的调整和完善。

(四)在艰苦奋斗中实现职业理想

职业理想要在实践中实现,实现职业理想的实践就要付诸艰苦奋斗,若没有艰苦奋斗,没有辛勤的汗水去浇灌,则不可能有职业理想之花结成的硕果。艰苦奋斗不仅是我们优良的传统美德,更指导个人在职业生涯发展的道路上取得进步与成功的有力保障,更是不可或缺的关键因素。正如新东方教育集团创始人俞敏洪,作为一个农民的儿子,出生于农村,生长于农村,父母都不识字,但他通过自己的奋斗,拥有了令人瞩目的成绩,在一次演讲中他谈道:“我始终相信任何

一个人想要改变自己的人生，想要改变自己的命运，最佳的法宝或者说最好的力量，就是去进行奋斗！”可见，一个人，如果只有美好的职业理想，不去付出艰苦卓绝的实践努力，再高远再美好的职业理想都只能是空中楼阁。

理想是我们奋斗前进、勇于创新的动力；理想是人生的指路灯；理想是战胜困难的力量源泉。厨师这个行业普通而又伟大，普通是因为他与我们每个人的日常生活息息相关；伟大是因为这个行业的从业者要默默无闻，同时耐得住清贫、枯燥，不仅如此厨师还是中华民族美食文化的传承者。只有坚守这份理想与信念才能做好这个平凡而伟大的职业。

实践探究

石杰从小的理想是当一名厨师。每当他在电视机前看到那些大厨做的菜，色、香、味样样都齐全时，他就想等长大了，一定要当一名厨师，做好多好多的佳肴给全世界的人一起品尝。

在他十五岁那年，他选择了烹饪专业进行学习。虽然最初带着新鲜与新奇，但是真正在操作中，厨师的工作是异常辛苦的，厨房里油烟缭绕，汗流浃背，轰隆作响，而且厨师的学习过程一站就是七八个小时，他也曾打过退堂鼓，但是想起自己曾经的美好梦想，以及在校期间确立的职业理想，心想，自己的理想还没有实现怎能轻言放弃呢，于是又鼓起信心和勇气，克服各种困难，坚持学习练习下来，终于以优异的成绩毕业。毕业后，他成了一名厨师，在一家高星级酒店里工作，月薪三万多元。回想起自己为理想奋斗的日子，石杰心中充满着欣慰与感慨。

天生我才

任务要求建议：

1. 石杰能够坚持自己理想的动力是什么？
2. 你的理想是什么？当你在追求理想的道路上遇到困难，你会怎么做呢？
3. 你身边还有与石杰经历相似的案例吗？

形式建议： 案例分享（辩论），手抄报等。

活动收获

我的同伴

我的对手

我的老师

我对自己

评价内容	评价标准	评价(分值:20 分)
内容	紧贴主题,内容合理、实际	
观点	观点明确,理论与事例结合得好	
表达	语言文字流畅,重点突出	
亮点		
建议		

学以致用

"追求理想"的名言名句欣赏

在线答题

Note

一、活动主题

"名厨"的厨师梦。

二、活动内容

以一位或多位行业名厨的职业成长事迹为素材,分析他们是如何实现自己的"名厨"梦的,结合自己情况讲述今后准备怎么做。

三、任务要求

(1) 以小组为单位,搜集著名厨师的梦想和最初选择厨师行业的初衷,并了解他们在守护自己梦想的过程中遇到的困难和如何坚持自己梦想的。

(2) 用本课所学理想信念的内容去诠释如何坚持自己的梦想?

(3) 探讨如何坚定自己的职业理想信念。

四、结果呈现

制作PPT,在班级群中进行展示、分享并畅谈感受。

(张文静)

Note

第二课时

宁心境　淡名利

学习任务

社会经济的飞速发展，竞争与压力的袭来，人心也随之日益浮躁，不知有多少人还能做得到“淡泊以明志，宁静以致远”，而真正能做到者将拥有人生的大境界，人生的大格局与辽阔胸怀。宁静心境，淡泊名利对于事业的建树更是有着深远的影响。作为从业者而言，宁静心境，淡泊名利对于个人成长与发展的促进作用更是不言而喻，通过了解何为淡泊明志，宁静心境，以及其对个人发展与成长的作用进而做到宁心境，淡名利。

学习目标

(1) 能说出淡泊明志的含义。

(2) 能举例说明在厨师职业发展中如何体现淡泊明志。

(3) 尝试用宁静的心态面对未来的厨师职业，增强淡泊名利、力求长远的发展意识。

案例引导

源于明永乐十四年的便宜坊焖炉烤鸭店，历经近600年风雨的洗礼，至今仍生意兴隆。2012年，烤鸭销量达50万只。一时间，人们再次把目光聚集到这百年烹饪技艺的“守护神”身上——国家级非物质文化遗产烤鸭技艺传承人白永明。年过半百的他从事焖炉烤鸭烹制已有35年。

1978年，刚上山下乡回京的白永明，师从当时便宜坊焖炉烤鸭技艺传承人唐春姿学艺。“说来也是一个偶然的机会，回京后就被分配到哈德门便宜坊烤鸭店，没想到这次分配改变了我的一生。”白永明回忆道。刚进烤鸭店的他勤奋、认真，得到师傅认可的同时也得到了师兄、师姐们的帮助。外界环境的影响再加上自身的努力，白永明的烤鸭技艺有了飞速进步。两年后，他从师傅手中接过了烤鸭店的担子。“当时的压力非常大，毕竟论资排辈还有师兄师姐，但师傅信任我，我就必须把它做好。”白永明说。

焖炉烤鸭看似简单，工序却十分复杂，包含了众多学科的知识。那时的烤鸭店还没有温度计，屠宰褪鸭毛时的水温全是用手试出来的，而按便宜坊的规矩，褪鸭毛一定要用58摄氏度的水，多一度少一度都不行。“手摸三下，第四下不敢摸了，温度就到了。”为了练习准确拿捏水的温度，白永明的手几乎每天都被烫掉皮。如此艰苦的条件都不能动摇他钻研焖炉烤鸭烤制技法的

决心。

在1988年举办的本市(北京市)第一届烤鸭大赛上，已从业10年的白永明一路“过关斩将”获得烤鸭大赛金奖。但获奖的兴奋并未冲昏他的头脑，却使他陷入了深深的反思之中。

白永明认为，比赛和实际的烹制经过是有一定差距的。“竞赛毕竟只是对某些技能技法的考察，并不全面，即使拿到金奖也绝不代表自己的焖炉烤鸭技术已经达到天下无敌的境界。现在来看，那时自己顶多完成了全部技艺的20%左右。”时至今日，回想起那段历史，白永明依然表情严肃，这也是他对待焖炉烤鸭事业严谨、负责的一个写照。

35年来，白永明获得各类奖项不计其数，他的工作态度却从未改变，他的付出也为便宜坊赢得了一大批“铁杆”客户，家住通州区的张先生就是其中一个。“这么多年了，一直吃白师傅烤的鸭子，从来没想过换口味。”张先生说。

2009年，白永明获得国家级非物质文化遗产烤鸭技艺第20代传承人的称号可谓众望所归。

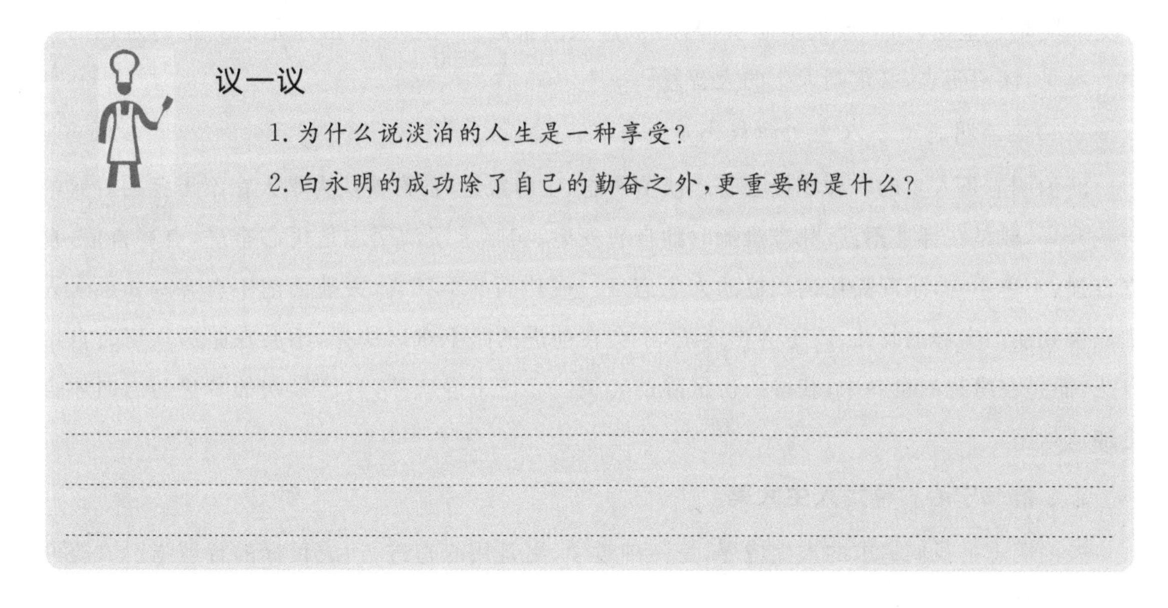

议一议

1. 为什么说淡泊的人生是一种享受?

2. 白永明的成功除了自己的勤奋之外，更重要的是什么?

知识积累

淡泊明志是人生的境界，更是推动自己的职业生涯不断发展并最终走向成功的思想保证，人走在实现梦想的人生道路上，难免会受到世俗的影响，受到外界的影响，从而使自己心浮气躁，忘记了初心，进而影响了自己对职业生涯道路的坚持，这时候最需要淡泊宁静的心境帮助我们褪去浮躁，更清晰地回望初心。

一、淡泊明志，坚定人生方向

淡泊明志是人生的一种可贵的状态，更是一种高贵的修养。在快速发展的现代社会，淡泊明志的人生活简单朴素，不喜浮华，会显示出自己的志趣；不追求热闹，心境安宁清静，会在达到远大目标的过程中坚定信念，不为纷扰所动，逐渐接近并抵达理想的彼岸。

(一)淡泊明志——人生之美好境界

淡泊明志，给人以静谧安宁，远离喧嚣之感，它是人生难得的美好境界。三国时期蜀国的诸葛亮在《诫子书》中有记载:“非淡泊无以明志，非宁静无以致远。”意思就是只有看轻世俗的名利，

才能明确自己的志向；身心安宁恬静，才能实现远大的理想。这是一种清静寡淡的心态，它让人不去追求虚荣与浮华，不在纷繁复杂的物质世界中乱了心境，迷失了自己，而是沉静自我，洗净心灵，修养心性，内省品行，不骄不躁，泰然处之。古往今来，这种高尚的美好的人生境界，成就了很多对历史、对后人有着重要影响的伟大人物，也正是这种美好的境界，指引着人们在个人修为方面不断提升与成长。

（二）淡泊明志——人生之大智慧

淡泊明志是人生的大智慧。淡泊是澄澈的心境，它不张扬、不强求，无论身处何地都能够随遇而安，安之若素。它不是安于现状，它是静心积累，默默沉淀，以求目标的清晰可见，初心的坚定不变。淡泊明志的智慧让人从容面对人生，珍视生命，在现实无畏的争斗中表现出虚怀大度的释然，不被流言蜚语扰乱内心，而是静下心来思考，继续以淡然不争的精神、尽心尽力去做好每一件事。只有在看淡名利，看淡世俗，心中明亮洁净的时候，个人的志向才能在世俗的嘈杂与喧嚣中更加明晰和坚定，而不致被贪念所侵蚀，被虚荣所蒙蔽。内心的自由才是人真正的永恒的自由。可见，淡泊明志，必定是人生的大智慧。

（三）淡泊明志——人生之积极态度

淡泊明志是人生的一种积极心态。淡泊明志、宁静致远，常常被认为是人在不得意的时候的自我开导，或是在怀才不遇、壮志难酬时的自我安慰，实际上淡泊明志是用心奋进，自尊自信，自立自强，不卑不亢，乐观豁达的积极的人生态度。成功面前不狂喜，失败面前不自弃。如果人人都能悟到淡泊宁静的真谛，就不会再迷茫，不会在前进的路上难以抉择，不会在路遇坎坷时自怜自艾，而是在纷扰的世界中，获得一份沉静的心境。心境平静淡然，自己最初的梦想与志向才会更加清晰坚定。

二、静气宁心，寻找人生大美

淡泊明志是我们追求的人生境界，是一种哲学，更是用心奋进、达成目标的智慧指引。淡泊明志是一种给人内心带来智慧与力量的可贵心境。

（一）树立高尚的职业道德

在寻觅人生的大美境界时，静气宁心无疑是一种积极进取的人生状态。一个人若是树立了高尚的职业道德，就能够在奋斗的征程中不断进取、奉献忘我，时时处处表现出积极的人生态度，摒弃消极的人生态度与做法。一个人若是具有崇高的职业道德，就不会只图眼前的利益，目光狭隘，不做长远打算，而是会平复心境，将心神专注于拓展职业价值的领域，专注于为社会为人民的服务奉献中，最终一定会获得个人价值与社会价值的双丰收。同样，只有拥有了高尚职业道德的人才能够全身心投入工作，不为世俗和外界所干扰，面对名利诱惑时，仍然坚定不移地坚持自己的初心。

（二）学习榜样，见贤思齐

无论是在不同的历史时期，还是在我们的现实生活中，都有着许许多多值得我们去学习和崇拜的榜样。榜样拥有着无穷的力量，这种力量是看得见的，是能够直接感受到的，因此榜样力量才是最强大、最深入人心的。它不仅影响面宽广，而且影响力深远且恒久。我们每个人都可以找

到并拥有自己崇敬的职业道德榜样,淡泊名利的道德榜样更是不胜枚举,他们会以其崇高的道德境界、道德品质和无限的道德魅力,去感染、激励和召唤每一个人。作为一名中职生,我们在遇到复杂的社会与变化时,很容易困惑与迷茫,如果能够多以淡泊明志的高尚个人为榜样,特别是本行业中的榜样,他们最有力、最有温度、最没有距离,我们就会及时平复心绪,找回自己最初的奋斗方向,坚定自己的职业理想。

(三)反思内省,不断沉淀

所谓内省就是个人通过内心的不断省察,进而使自己的思想和言行符合道德标准的要求。个人要想获得对自己的正确认识,内省就是一条重要且必要的途径,更是随时发现自己内心及思想变化的有效方法,发现问题进而及时调整和修正。内省本身就是一种力量。古今中外,孔子有三省吾身,孟子有反求诸己,鲁迅则有“时时解剖别人,然而更多的是更无情面地解剖我自己”,著名的思想家、哲学家苏格拉底曾说,一个没有检视的生命是不值得活的。可见,内省对一个人的成长与发展是多么重要。内省是一个人在社会生活中,对自己思想言行的发自内心的道德约束,它不是被动强迫的,而是主动自愿的,因此内省所产生的约束力才会是持久有效的。一个人只有善于内省、敢于内省、勤于内省,才能够不断净化自己的心灵、提升自己的道德境界。作为中职生,我们只有坚持内省与反思,才能不断完善自己,坚定职业理想,树立职业道德意识。

实践探究

名厨巢明伟曾获得过世界厨王争霸赛金奖,而他内心却是个淡泊名利的大厨。面对行业极高度的好评与认可,面对无数同行的崇拜,面对无数更高的更优越的待遇,他没有就此改变曾经脚踏实地、勤奋创新的态度与追求,而是默默地钻研业务,不断提高自己的厨艺,研究新的菜品,他认为,做好菜关键在于食材,而做好厨师关键在于厨德。一个好大厨应该对食品负责、对客人负责、对整个行业负责。就这样,他凭借着负责的态度,凭借着淡泊名利的心境,创作了以创意淮扬菜为主的御锦天菜品,融合了北京、上海、广州等全国各大城市的菜系精华,同时结合了常州当地特色,出品的菜肴精致可口,同时注重菜品造型,依据不同食材运用多种异形餐具,达到“色、香、味、形”俱全的效果,全国闻名。

天生我才

任务要求建议:

1. 面对赞誉,巢明伟的心态如何?
2. 什么是淡泊名利?淡泊名利在人生的发展,事业的前进过程中发挥怎样的作用?
3. 当你面对喧嚣的社会,你会怎么做呢?
4. 你从巢明伟的经历中收获了什么?

形式建议:板报、手抄报等。

活动收获

我的同伴

我的对手

我的老师

我对自己

评价内容	评价标准	评价(分值:20分)
内容	紧贴主题,内容合理、实际	
观点	观点明确,理论与事例结合得好	
表达	语言文字流畅,重点突出	
亮点		
建议		

Note

学以致用

一、活动主题

讲淡泊名利的名人故事。

二、活动内容

搜集名人淡泊名利的故事。

在线答题

三、任务要求

(1) 在网上或图书馆搜集名人淡泊名利的故事。

(2) 分析淡泊名利在名人成功过程中起到的作用。

(3) 自己培养淡泊名利、宠辱不惊心态的方法。

四、结果呈现

制作淡泊名利故事手抄报进行班级分享。

(张文静)

第三课时

爱本职　勤探索

学习任务

热爱本职，不断探索是匠魂的落脚点和归宿，是对匠魂的践行和发扬。在平凡的工作岗位上全身心地投入热情与实干，刻苦钻研，踏实探索是获得职业成就的重要前提。作为一名从业者，培养自己对工作岗位的热爱与探索精神是谋求自己职业生涯发展的重要基础。

学习目标

(1) 能说出热爱本职的具体做法及意义。

(2) 能结合自己在实训实习中的表现，宣讲如何实践“热爱本职，勤于探索”。

(3) 不断加强热爱本职、勤于探索的精神品质。

案例引导

中国有句老话：“民以食为天”。在这个历史悠久、人口众多的国度，形成了风味独特的不同菜系。除了以麻辣鲜香为特色的川菜，鲁菜是覆盖面最广的地方风味菜系，影响着中国北方地区的饮食习惯。鲁菜讲究“色、香、味、形”四美俱全，“酸、甜、苦、辣、咸”五味调和，也体现出中国人的中庸之道。

葱烧海参当属鲁菜中的佼佼者，软滑肥糯、汤汁鲜香，对汤汁和火候的要求极高，代表了以精著称，以雅闻名的鲁菜格调。葱烧海参一直都是丰泽园的名菜，梅兰芳、齐白石、侯宝林等知名人士都曾对此赞不绝口。1983 年第一届全国烹饪大赛上，王义均凭借这道葱烧海参，一鸣惊人，成为当年的热菜、冷拼双料冠军，被正式授予国家名厨称号。这在新中国历史上是第一次，也是唯一一次。

葱烧海参是中国名菜中响当当的一绝，不是每个厨师都能做好，更不是每个厨师都有机会上手。1933 年，王义均出生在中国名厨之乡——山东烟台福山县。他 13 岁进入北京丰泽园当学徒。丰泽园饭庄创办于 1930 年，是北京久负盛名的经营正宗山东风味的老字号饭庄。能进入丰泽园饭庄学徒，用王义均的话说，是他“时来运转”。进了丰泽园可不是一步登天，而是一步一个脚印开始了艰苦的从艺历程。

鲁菜泰斗接触烹饪是从“蹭勺”开始的。为了防止串味，厨师们用完炒勺就一扔，徒弟们就得

捡起来磨蹭。王义均每天至少蹭一百多次。这样一干就是三年，他没有像其他学徒那样抱怨，而是勤勤恳恳做事，切菜配菜又四年，任劳任怨，勤奋肯干，口碑颇佳，但此时的王义均还没有资格掌勺。1955年，苦学八年的王义均被选中参加十大元帅授勋宴会的烹饪工作。在制作炸烹大虾这道菜期间，发生了一场意外。

在炸烹大虾的制作过程中，炸完了，要把油盛出来，可盛油的是个泥盆，一端起来，“啪”一下子，底掉了。火辣辣的热油浇在腿上，王义均感到钻心疼痛，但是他咬着牙坚持到宴会结束。这次意外，让师傅们看到了他的用心和坚持。功夫不负有心人，在此之后，王义均被新中国首批特级厨师、烹饪大师王世珍收为徒弟，他教给王义均的第一道菜，正是这道中华名菜葱烧海参。很多人都反映葱烧海参的葱油绝、香、浓，那是前辈师傅们不断研究摸索出来的，后来王义均又将蒜、姜等新鲜原料加入海参汁的调制当中，经过反复试验和创新调整，将葱烧海参练成绝技，被人们称为“海参王”。

品尝过王义均手艺的中外政要数不胜数，如周恩来、邓小平、田中角荣、基辛格。一勺熬制数小时的汤汁、一碗几代人传承的秘制葱油，一罐反复调配的酱料，都见证着王义均走过的飘香岁月。

王义均的徒弟这样评价道，“王老这一辈子，做人方面，包括技术方面，要求都非常严。他坚持亲力亲为，要求我们徒弟做到的东西，他都要自己主动做到。”

时光流转，鲁菜传奇人物王义均，用朴实无华的话语诠释了最宝贵的匠人精神，“干一行，爱一行，特别是干我们这个行业的，这个手艺这东西不能走样。社会上凡是带这个艺字的，都不是容易得到的，它得下功夫，苦练真功夫这是。既干了这行，就爱这行。你要是努力干，没有不成功的。”

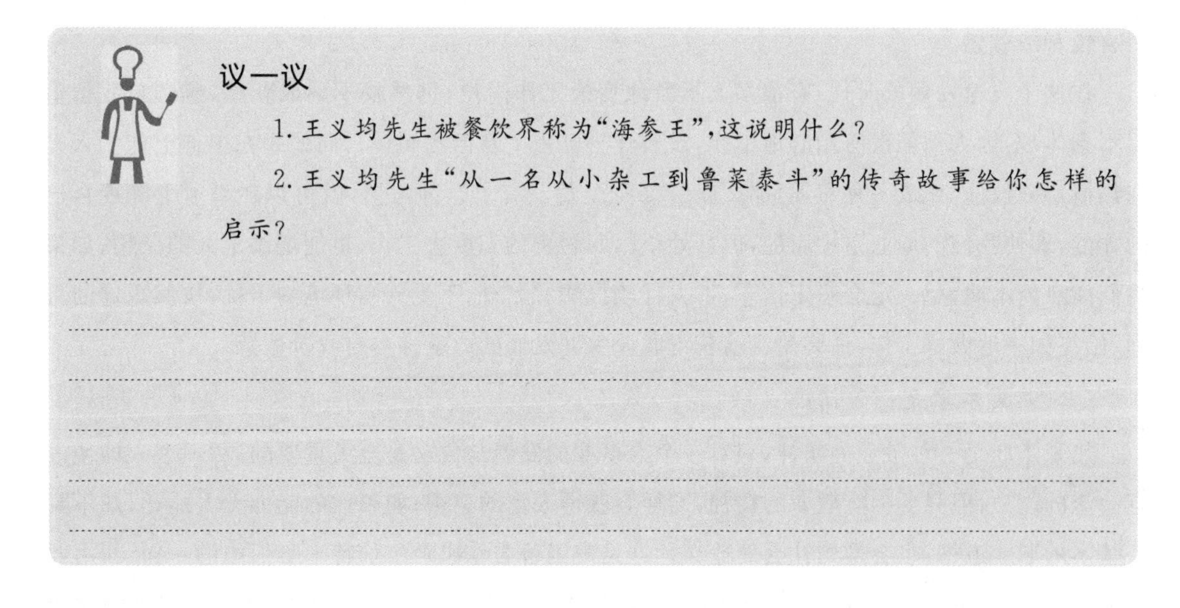

议一议

1. 王义均先生被餐饮界称为“海参王”，这说明什么？

2. 王义均先生“从一名从小杂工到鲁菜泰斗”的传奇故事给你怎样的启示？

知识积累

热爱本职是对从业人员工作态度的基本要求，是职业道德的基础与核心。只有热爱自己的工作岗位，才能忠于职守、认真负责地做好本职工作，进而勤于探索，精益求精，勇于创造，才能取

Note

得更大的成绩。

一、热爱本职，扎根内心

(一)热爱本职是一种责任

热爱本职，体现了人对事业的追求与思想的境界，体现了一种勤恳态度和精神风貌，更体现了一种可贵的责任感。在一个家庭里，父母子女都要尽到自己的责任；在社会中，作为公民也会有公民应尽的责任。这些是社会发展不可或缺的要素和动力，如果没有了这种责任感，那么社会很难发展和进步。同样，在工作岗位上，一个没有责任心的职工，不会很好地完成他分内的工作，那么自己的工作同样不能完成，自己的团队也很难成功和发展。实际上，对每一个人而言，一旦我们踏上了一个岗位就选择了一份责任，更是拥有了一份使命，要承担岗位赋予我们的责任，这就要求我们必须按时保质完成负责的工作，无论遇到任何困难与阻力都不改初衷。要做到尽职尽责，热爱自己的本职，我们首先要清楚自己该承担的责任，明白自己该负哪些责任，自己的责任是什么。没有责任心的员工不是合格的员工，勇于承担责任才会被机会垂青。既然我们选择了一份工作，就要以热爱事业之心做好它。

岗位本身就意味着责任，热爱本职就是一种责任担当。一个人把本职工作当作自己的责任，那么他做事的质量就会很高，并且总会感到工作带给自己的充实与快乐，带给自己成就与成长。

(二)热爱本职是一种习惯

热爱本职绝不是一个口号，而是一种实际行动，是一种终身受益的好习惯。如果我们可以把对本职的热爱培养成为一种习惯，贯穿在职业生涯的过程中，我们会发现，不但在工作中能够学习到各种各样的知识与技能，而且还可以全心全意、尽职尽责地以快乐的心情去工作。不管从事什么样的工作，都需要认真、热爱、投入，让自己可以乐在其中，就算是最为普通的工作，也能够获得喜悦和成就感。

在这个飞速发展的时代，有很多人不断地变换工作岗位，仍然找不到成就感，感到自我价值得不到体现，因为他们没有用心地工作，没有让自己爱上自己的岗位。而如果在工作上能投入爱与热情，并且将之化成一种习惯，那么就会终身受益。有了这种习惯，就可以在事业上施展自己的才能，即使我们的职业是平庸的，但处处以尽职尽责的态度去工作，也能增添个人的荣耀；如果我们能热爱本职，就一定会坚定信念，不去计较报酬和名誉，不受周围环境的干扰，按照既定的目标，始终如一地做好工作，最终使自己获得职业生涯发展的成就感与自我价值感。

(三)热爱本职是一种精神

热爱本职是一种敬业的精神，它对一个人事业的发展与成功是至关重要的。“一个人即使没有一流的能力，但只要拥有敬业的精神，同样会获得人们的尊重；如果你的能力无人能比，却不具备基本的职业道德，也会遭到社会的遗弃。”这是美国著名作家阿尔伯特·哈伯德的一句话，由此可见，热爱本职是一种最基本的职业道德，当你怀着对本职工作的无限热忱并为之兢兢业业付出的时候，你一定能够受到社会的尊重与认可。热爱本职更是一种普遍的奉献精神，它表现为人们在自己的工作岗位上尽职尽责，勤勉努力，任劳任怨，无时无刻不在践行着自己的职业道德与操守，无时无刻不在履行职业的使命与职责。在现实生活中，那些在岗位上做出成绩，取得成就，为

社会做出突出贡献，获得社会认同与赞许的人们，无一不是对自己的本职工作拥有浓浓热爱之情的人。精神就是个人行动的指引，热爱本职的精神能够使一个人的职业生涯发展获得巨大的成功，使所在企业获得发展，更会使社会的整体氛围更加和谐，促进社会经济的稳步发展。热爱本职，爱岗敬业是我们每个人应该必备的一种职业精神。

二、热爱本职，付诸实践

热爱本职是一个人在工作中表现出的一种最基本的端正态度。热爱本职，勤于探索是职业成功的保证，更是我们实现个人价值最大化的最佳手段。保持对岗位的热爱之心，对岗位的探索之精神，不光只是工作的要求，也是我们实现自身价值的要求。正所谓“骐骥一跃，不能十步；驽马十驾，功在不舍。”

（一）敬业

职业道德是每个从业者都必须学习并践行的，职业道德中的基础与核心便是要求从业者做到敬业。一名敬业的厨师，会为自己所在团队的发展与强大贡献自己的全部力量与智慧。作为一名厨师，这个职业虽然平凡，但却是百姓生活中不可或缺的，厨师行业拥有着广阔的市场需求与发展空间。若是能够在从业过程中，做到敬业爱岗，让菜品从原料采购、验收储存、领用、粗加工、切配烹调再到销售，整个过程都保质保量，力求完美，就一定能够满足广大食客要求，使得自己和团队赢得好口碑。

一名敬业的厨师，一定是一位优秀的厨师，同时更是一位在行业中具有发展潜力的厨师。一名敬业的厨师，要不断地钻研自己的技术，提高自己的行业本领，不断学习、借鉴充实自己，深入探索深层的技艺，提高自身修养和综合素质能力，这样就一定能够获得自己职业生涯的长足进步与发展。

（二）勤业

勤业是对事业勤奋，刻苦钻研，严谨笃学，不断探索。培育工匠精神，成为有用人才，需要始终不断坚持勤奋学习、探索、钻研和工作，用一点一滴的努力，成就今天或将来。坚持不断地精进业务技能。要想成为一名优秀的厨师，一个“勤”字，体现在必须精通所学所做菜系的烹调技术，并且旁通国内各主要菜系的烹调方法和技能。成就一道菜，其中的学问可谓是极其深厚，无论是精细的刀工、讲究的烹调、适度的火候、精美的食雕、别致的冷盘、个性的小吃、灵动的点缀，无不体现了厨师业务水平的精湛。同时，一个“勤”字，还体现在对于菜品菜式的不断推陈出新上，这样才能使菜品别具风味与特色，受到广大食客的青睐，进而使自己的菜品在激烈的行业竞争中仍然保持领先的优势。

（三）乐业

所谓的乐业，就是我们要乐于从事我们的行业，倾心于我们的工作，要对所从事的工作培养起浓厚的兴趣，激发出强烈的崇敬感和自豪感，树立起神圣的事业心和责任心，保持乐观向上的工作态度。做到乐业，需要我们认清自己的职业在行业中的优势。众所周知，我国餐饮业的发展势头迅猛，市场规模巨大，发展前景一片大好，国际间的美食文化交流与合作也在不断扩大，经营模式不断丰富，就业人员素质也越来越高，这都为餐饮业的蓬勃发展提供了有力的支撑。作为厨

师，如此朝气蓬勃的发展领域，无疑会为自己的职业发展带来优质的平台和难得的契机。我们还有什么理由不喜爱从事这个行业呢？不仅如此，厨师更是传承饮食文化的践行者，因此我们更应喜爱我们厨师职业、烹饪行业，不断培养自己的职业兴趣，从中获得乐趣，获得成就感和价值感。

（四）精业

精益求精是爱岗敬业的最高层次展现。要做到精益求精，必须勤于探索，不断钻研，不断学习，不断改进，不断完善，不仅在学校期间要认真学习和探索专业知识和职业技能，掌握过硬的本领；即使将来走向工作岗位，还要不断学习，及时掌握新知识、新技术、新工艺和新方法，进而不断创新，追求卓越，力求完美。在从业过程中不断摸索，完善菜品，对不同的客户群有精心的设计，例如通过饮食的调配使儿童更有利于健康发育与成长；一些年轻的食客人群，则更重视用餐的特色与格调，因此开发特色的菜品，让食物拥有意境和美的表达，一定会受到欢迎和青睐，这些做法和设计本身就体现了厨师的精益求精。精益求精做起来也许并不简单，但是只要厨师拥有这样的意识，勤于探索、博采众长、勇敢实践，就一定能够做到。

实践探究

勤于探索的我——华为食堂员工

2000 年 8 月，我有机会来到深圳，很幸运一下子就找到华为食堂。

记得当时看到那个比桌子还大的锅，炒菜的铲像把铁锹，一个中午生产中心有五千多人吃饭，我像刘姥姥进了大观园，眼花缭乱。

三天的应聘考试，最后留下了我一个人，从最基层的切菜开始，我又从头起步。记得第一次全体员工大会，经理的一番话，让我热血沸腾。

“你们来到公司，这里是一个大家庭，到处充满机遇和挑战，只要你够努力，只要你够坚持，一步一个脚印，用不了几年，你们很快就能站在这个位置替代我……”

2004 年底，我通过努力，做到餐饮公司南山某分部的行政总厨，人生事业进入新的阶段。其间也成家了，儿子也来到我们这个家庭。

2007 年，响应公司号召，积极申请面试，很快我成了一名海外厨师，来到古老而神秘的印度，一切又重新开始。我的生活充满着惊喜与挑战。

海外的生活到处充满挑战，我勤勤恳恳从很多方面改进饭菜的结构和操作流程，让员工更加满意，工作做得更细致。

印度德里一年四季天气炎热，员工要在早上增加营养的同时，补充足够的水分才好。所以，早餐我们增加两个品种：冰冻绿豆沙和皮蛋瘦肉粥。

中餐是一天中最重要的、补充体力最关键的一餐。针对气温高，部分员工的食欲不振，推出一系列的凉菜品种，如：荤菜夫妻肺片、口水鸡、五香熏鱼；素菜小葱拌豆腐、酸辣海带丝、尖椒皮蛋……当然卫生方面来不得半点马虎，我们无论是在餐具还是操作方法上都严格遵守国内食品卫生相关法律的流程。

晚餐在食堂用餐的员工相对中午较少。我们在糕点方面做文章，做些员工可以带走的家乡

风味糕点，如老婆饼、芝麻糕等。因为有些员工总是要加班，还有的要下站点，在食堂用餐比在超市买的有营养，还卫生方便。

员工们在异国他乡吃到了可口饭菜，都精神抖擞地投入工作，我的成就感真是爆棚了！

刚来印度的时候，很多国内的调料和干货买不到。有员工想吃国内的梅菜扣肉，可是却买不到梅菜。有次到市场上买菜，看到当地的白萝卜连叶子一起卖，忽然灵感一现，把叶子摘下放在太阳下晒上两天，干了就收起来。第二天，买到不错的五花肉，把晒干的萝卜叶用水泡上、洗净、切好、炒香。五花肉煮熟、切好、过油，加上调料烧上，把炒好的萝卜叶垫在盘子下面，烧好的肉铺在上面，上笼大火猛蒸半个小时。还没等到开餐，整个餐厅都是肉和萝卜叶的香味。那天的午餐因为有一道梅菜扣肉而得到不少赞美，味道丝毫不逊色国内的。

看到兄弟们开心快乐、津津有味地吃着我做的菜的样子，让我觉得做个海外厨师真的很快乐、很自豪。

天生我才

任务要求建议：

1. 本案例主人公做出了哪些成绩，他为什么能做出这些成绩？
2. 了解本案例主人公的从业经历，你受到什么启迪？
3. 给未来做个好厨师提几点建议。

形式建议：收获分享、手抄报、读后感等。

活动收获

我的同伴

我的对手

我的老师

我对自己

评价内容	评价标准	评价(分值:20 分)
内容	紧贴主题,内容合理、实际	
观点	观点明确,理论与事例结合得好	
表达	语言文字流畅,重点突出	
亮点		
建议		

学以致用

一、活动主题

我的座右铭。

二、活动内容

确定我的座右铭,并结合厨师职业说说具体怎么做。

三、任务要求

在线答题

(1) 可以用名人名言或自己提炼的话做座右铭。

(2) 结合专业及自身实际,制订实践座右铭的成长计划。

(3) 班级分享,师生点赞。

四、结果呈现

把座右铭用网页进行设计并打印出来,布置在班级宣传栏中进行展示。

(张文静)

第四课时

塑形象　育人格

学习任务

作为一名新时代的厨师，我们要想有所作为，厨师的外在形象和内在品德有着非常重要的作用。要重视礼仪的学习，讲究文明礼貌、清洁卫生，注重自身形象，养成现代文明的生活习惯，要从各方面塑造厨师的良好形象，严守厨道，恪守厨师职业道德，尊师重道，培养高尚的职业精神，不断提升自己的境界，努力塑造美好高尚人格。

学习目标

（1）了解对厨师文明礼仪的要求，塑造良好形象。

（2）了解对厨师职业道德规范的要求，塑造美好高尚人格。

（3）能恪守厨师职业道德的要求，在各种场合展现出良好的职业道德与职业形象。

（4）自觉做到热爱厨师行业，珍惜厨师声誉，文明有礼，品德高尚。

案例引导

中国烹饪大师、餐饮业国家级评委、中国饭店协会名厨委常务副主席、优秀企业家李林生先生，出身于烹饪世家，从厨47年，是浙江省德清县莫干山大酒店董事长，更是多所职业院校烹饪专业的顾问和兼职教师。47年来，他一直致力于餐饮这个行业和烹饪专业人才培养，从未间断。李林生带着弟子参加国家级等各级烹饪专业大赛无数。德清金莱坊酒店总经理丁少冬，1993年就拜李林生为师，跟随师傅20多年。在他的印象中，师傅在每个徒弟的成长过程中，都是严格、严格再严格，不仅要求徒弟们吃苦耐劳、夯实基础、精心做菜，更要诚实做人、尊师爱幼、善待客人。

李林生曾对一众徒弟说，评价一位厨师成功与否，可以看他在厨德和厨艺上的造诣有多深。成功者之所以成功，在于做人的成功，成功之道，在以德而不在以谋，成功的厨师往往都有一颗谦虚的心、勤谨的心。李林生始终坚持“先做人，后做菜”的理念，也因此，每个弟子拜他为师时，他都反复叮嘱弟子牢记“学艺先立德，做菜先做人”的道理。做事先做人，做事可以犯错，也允许犯错，但做人不能犯错，那是一辈子的事。

几十年来，李林生先后收带弟子66人，弟子中已有16人担任各饭店总经理，8位烹饪专业

教师担任高职院校中层领导。事实证明,加强厨德教育,对提高厨师烹饪技能乃至打造浙菜品牌,有着举足轻重的作用。

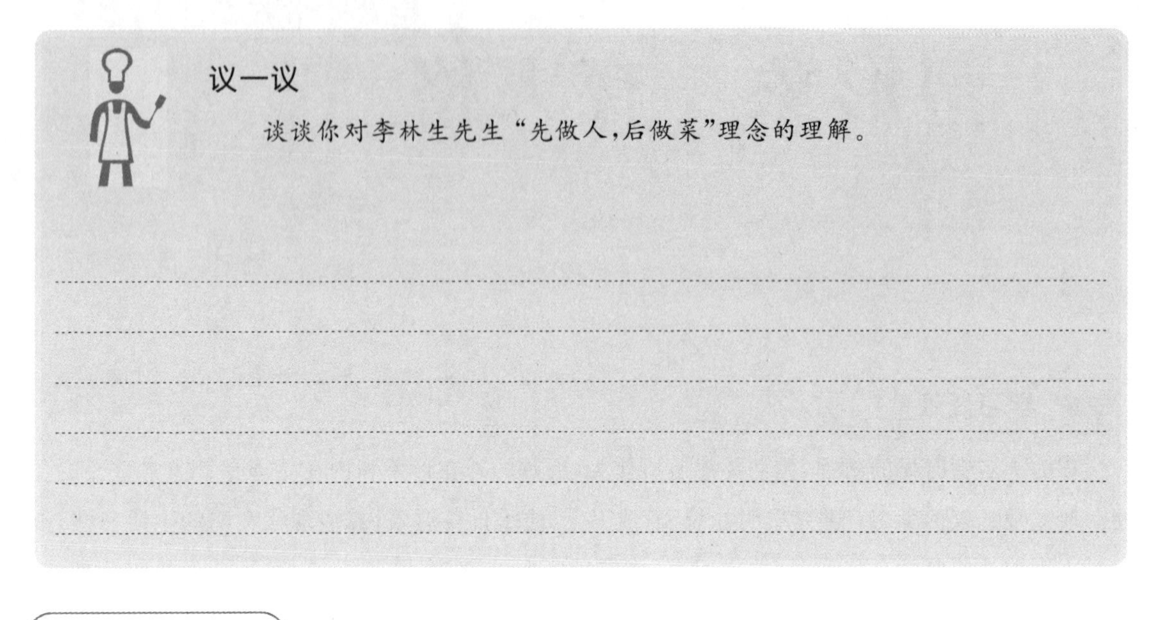

知识积累

人的“精”“气”“神”,主要从内、外两方面体现出来:外在的表现是自己的个人形象,对生活、对事业充满激情活力;内在的更深层次的表现则是人在社会活动中传达出崇高的职业道德精神、人文精神。厨师要加强厨师礼仪、内在品德的修养,待人接物,体现良好的礼仪、高尚的道德,塑造出美好人格。

一、尚礼仪,塑造厨师美好形象

中华民族自古以来就被尊为“礼仪之邦”。不少经典著述中,有很多关于“礼仪”的精辟阐述。所谓礼仪,分开来讲,礼者,礼也,即对待别人的礼节;仪者,式也,即尊重别人的仪式。“礼”与“仪”不可分开。礼在内,仪在外,礼是做人之根本,仪是行世之方略。

良好的礼仪形象对一个人的终身发展有着非常重要的作用。因此,我们必须学习掌握厨师的礼仪,塑造良好现代厨师形象。

(一)重视厨师形象,讲究厨师礼仪

我们接触一个人,直接而敏感的就是他的外在形象,譬如外貌特征、穿着打扮、言谈举止以及由内而外表现出来的精神风貌等等。厨师的外在形象包括厨师的仪容仪表、待人接物的一言一行等。与人交往时,第一印象往往很重要,很可能会影响一个人事业的发展轨迹,甚至影响所属企业的发展,所以要重视个人的外在形象,尤其是第一印象。

重视第一印象,得讲究个人礼仪,个人礼仪是个人良好形象的名片,它展示着一个人的自尊自信,也展示一个人内在的道德修养之美。礼仪是社会成员之间相互尊重、彼此友好的表示,讲究礼仪,是心中有他人的体现。一个人外在的礼仪表现是一个人文明素质的体现,受个人内在的道德、文化等因素的影响。因此,加强个人对礼仪规范的认识、对社会规则的遵守,加强个人道德品德的修养,有助于我们更好地树立自己美好的外在形象,提升我们的人格魅力,也就是只有“内

化于心”，才能“外化于行”。

我们敬重热爱自己的职业，做优秀的厨师，要受到别人的尊重，就得做尊重他人的人，自尊自信的同时要做好他尊，讲究厨师个人礼仪，遵守职场礼仪，注重社会交往礼仪。加强个人文化水平、道德意识、法纪意识的修养，遵守厨师这份职业对我们的特殊具体要求，从而珍惜、维护、展示良好的厨师形象。

（二）厨师形象的一些具体要求

厨师重视个人形象，首先得重视厨师的衣帽服饰，最基本的是要做到穿戴整齐、干净整洁。其次适当重视服饰审美，一个人的服饰体现着文化素质，审美情趣，既要得体大方，又要遵守职业或交往等不同场合的一些要求或规则，考虑时间、地点和目的等要素，并与其保持协调一致。譬如上岗工作时要穿工装、戴工帽，休闲娱乐时则可着宽松便装等。

厨师重视个人形象，还得重视言谈举止，语言要文明，多用敬语，日常使用“请”“谢谢”“对不起”“您”等敬语。言谈举止往往反映出一个人的性格、修养和文明，与人交谈时态度要诚恳亲切，语调要平和沉稳，并注意身体语言，谈话姿势，要注视对方、互相倾听、不能东张西望、面带倦容、哈欠连天。不要给人心不在焉、傲慢无理、不尊重他人等不礼貌的印象。

厨师重视个人形象，还得注重卫生，养成良好的卫生习惯，清洁卫生是礼仪的基本要求。厨师衣帽工装要整齐干净、无破损、无褶皱、无油腻。头发要全部遮在工帽内，避免头发掉落在饭菜上。要保持面部干净整齐，勤洗脸、勤洗澡。操作食材时手最好不要到处触摸。在工作时或与人交谈时最好不要出现挠头皮、抓痒痒、剔牙齿、掏鼻孔、挖耳屎、修指甲、搓泥垢、抽烟等不文明不干净的行为。工作时需要戴口罩，并戴食品级一次性手套。厨师的操作服或围裙也要定期更换。

（三）加强礼仪修养，塑造厨师美好形象

作为热爱厨师职业的人，就得珍惜自己厨师的名誉，重视厨师良好形象。良好的形象能够增添厨师的人格魅力，使厨师显得亲切和蔼。如何塑造厨师的良好形象呢？要重视厨师的个人外在形象，加强厨师礼仪修养，包括厨师个人的礼仪和与他人相处时的交往礼仪，以及在职场应遵守的职业礼仪等等。养成遵守礼仪的习惯，展现厨师的无穷魅力。养成良好的礼仪，也能给企业带来良好的形象、创造经济效益，为社会创造和谐局面。

1. 注重个人形象 好的厨师不仅要厨艺高，厨德好，还要修养好。我们要展示维护厨师的良好形象，做一个有涵养、有素质的、有礼貌的人，做一个尊重自己、尊重他人的人，就要注重个人形象，从一言一行、一举一动开始，从小事做起，从细节做起，从现在做起。在仪容仪表、形体姿态、文明语言等方面严格要求自己，严格按照学校、专业的规定及老师的正确要求来做，“非礼勿听、非礼勿视、非礼勿言”。力求做到体态端正、服饰整齐，言辞得体，谦虚待人，不自傲，给他人、给社会带来满满的正能量。

2. 掌握交往礼仪 好的厨师还要人缘好。在同各种人、各种事打交道的同时，讲究“仁义礼智信，温良恭俭让”，则大家都愿意以礼相待并尊重他。这就要求我们要掌握交往礼仪，示人以尊重，待人以真诚友好。我们珍惜自己的人格，也尊重他人，善于同他人沟通，就会成为受欢迎的人，有魅力的人。讲究交往礼仪，是促进人生成功的重要条件，是社会和谐的需要，也是我们精神

世界的外在表现。

3. 展示职业礼仪 三百六十行，行行都有自己的特殊的职业礼仪规范的要求，厨师也不例外，要在其职业活动中，遵守职业礼仪的要求，在工作岗位上展示树立良好的职业形象，展示自己美丽的职业风采。职业礼仪也体现着职业道德，只有热爱这份职业，才能自觉遵守职业的要求，在工作中尽心尽力，处处展示职业礼仪，体现职业精神。职业礼仪也是内在的人性美的展示，是无私奉献、高尚善良、热情服务、办事公道、尊重他人、诚实守信的人格之美。我们要做优秀的厨师，做美好的职业人，就要提高自己对职业礼仪的认识、付诸职业行动、养成良好的职业礼仪习惯，塑造厨师美好形象。

二、守厨德，塑造厨师高尚人格

厨师的基本素养不仅体现在外在，还体现在内在的为人处事上。传统的烹饪文化对厨师的为人处事都有明确的要求，其中敬上爱下、尊重师傅、友爱同事是厨师职业素养最基本也最核心的一条，这些优良传统不能丢。作为一名当代厨师，应该具备崇高的职业道德，不遗余力地发扬传承老一代优秀厨师的精神，在躁动的社会之中，提倡厨师职业道德，恪守厨道，显得尤为重要。

（一）学艺德为先

唐代大文学家韩愈说："师者，传道授业解惑也"。厨师为师，不仅仅是传承烹饪技能，教授烹饪技巧，更重要的是要教授、传承"做菜先做人，学厨先立德"的厨艺之道。厨师是一个职业，每一个人都可能成为厨师，但不一定能成为一个称职的厨师，以及成为名师、名厨，为什么？一名优秀厨师，不但要通晓精深的厨理（理论）、掌握精湛的厨艺，而且还要具备高尚的厨德，也就是说要具备厨技厨艺、文化素养及品行规范。须先立厨德，后做厨事，再做厨师。对职业厨师来说，德是才之师，是成就事业的基础。厨德应随厨艺传、学艺必须德为先，若轻厨德求厨艺，厨艺再高也枉然。这就需要厨师从道德品行来严格要求自己。

厨德就是职业道德修养，是指厨师在从事烹饪工作时所要遵循的行为规范和必须具有的品质，是社会道德在厨师职业生活中的具体化表现。厨艺的提高需要日积月累，厨德同样也需要岁月的磨炼。只有德艺双馨的厨师，才能有威望、有地位，受到大家的尊重。

（二）厨师应遵守的职业道德规范

厨德体现在具体的工作中，厨房的工作守则是保证厨房工作顺利进行的基础。因此，每一位在厨房工作的人，必须遵守自己的职业守则，学好厨师职业道德，谨记规范要求。

1. 热爱烹饪 爱岗敬业是对每一个职业人的要求，是厨师职业道德的核心。厨师也不例外。热爱烹饪事业，热爱烹饪岗位，是厨师职业道德的核心所在。一个人如果连自己的职业都不热爱，也就做不到乐在其中，更不可能做出成绩和贡献。作为一名厨师，应该为自己从事的事感到骄傲和自豪，应以强烈的责任感和事业心，积极投入到自己的工作岗位中去，热爱自己的职业，敬重自己的职业，钻研烹饪业务，理论联系实践，在实践中不断提高自己的专业理论和技术水平。

2. 诚实守信 诚实守信是做人的基本准则。诚实就是做老实人，说老实话，办老实事；守信就是为人遵守诺言，信守合约。厨师的诚信就是对公司要忠诚勤恳、真情投入；对职业要敬业乐业、钻研厨艺；对顾客要真诚服务、视为上帝；对同事要坦诚相待、热情帮助、取长补短、共同进步。

Note

厨师的诚信还体现在严格遵守操作规程，确保菜肴质量。不要以次充好，以劣充优。不销售不符合法定要求的食品、过期食品、变质食品和存在安全隐患的食品。不能做只为了经济利益而损害人民的身体健康的事。

3. 注重卫生　注重卫生是厨师职业道德的具体体现，厨师必须持健康证上岗，严格遵守《中华人民共和国食品安全法》。掌握食品卫生知识，搞好厨房的卫生，保持厨房清洁整齐，做好洗菜池、面板、菜板等厨房用具、餐具的每日、每餐清洗、消毒工作。讲究厨师个人卫生，养成良好的卫生习惯，做到勤洗手、勤剪指甲；工作服、围裙等勤洗勤换，工作时间内不吸烟。讲究食品卫生，不加工变质原料、不加工不符合卫生标准的原料等。做好食品安全的日常管理措施，及时发现食品原材料的质量安全隐患。

4. 遵守法纪　遵纪守法，严格自律是对公民的基本要求，厨师遵纪守法，也是烹饪工作能够正常进行的基本保证，每位厨师都要增强法治观念，自觉遵守国家法律法规，做到"以遵纪守法为荣，以违法乱纪为耻"。除公民应该遵守的一般法律外，厨师还应按《中华人民共和国食品安全法》《餐饮业食品卫生管理办法》《中华人民共和国食品安全法实施条例》等有关行业的法律法规从事食品的生产经营与加工，做到质价统一。厨师遵纪守法，还应严格按照安全操作规程进行食品加工，遵守服务公约等。

（三）崇尚厨德，塑造厨师高尚人格

一个人的人格、气质、品德等因素，不是天上掉下来的，更多的是后天努力的结果，个人的主动选择、加强自我修养对于自己的成长显得更重要。所以崇尚厨德，塑造厨师高尚人格，需要我们认真修炼，让自己具备优秀的职业道德，成为受人尊敬的人。那么，如何养成良好的厨师职业道德习惯，进一步提高我们的道德品格呢？

1. 坚守信念，主动遵守　要力争做到无论什么时候，都要坚持自己从厨的道德信念，自觉地按照厨师道德准则行事，做到有没有人监督都是一个样，自觉主动地遵守道德的要求。厨师在日常生活和从业过程中，就得有意识地加强自律性，并且要不断自我检查、自我反省，实现个人品格的不断完善。

2. 发现不足，及时改正　人非圣贤，孰能无过。每个人都会有缺点、有不足，总会犯这样或那样的错误。可怕的不是缺点、不是不足，而是我们没有改正克服缺点与不足的勇气。我们必须得学会认识自己、正视自己，然后改变自己、提升自己。通过日积月累的改进提升，我们就会变得越来越好，最终成为一个优秀的、品格高尚的厨师。

3. 见贤思齐，学习榜样　要见贤思齐，是指要学习社会上、行业中的道德模范、榜样人物。烹饪行业有很多大师级的模范人物，他们就是这个行业中的榜样，就是标杆、就是旗帜，给无数烹饪学子提供了奋斗的方向、提供了前行的动力。他们就是教科书，以自己具体、生动的人生经历再现了厨师的价值追求，深化着对厨师精神的理解与认同。我们不仅要向大师们学烹饪技艺，也要向大师们学做人之道，做事之理，学习他们崇高的厨德，可贵的情怀。

4. 身体力行，努力实践　要身体力行，在职业实践中养成良好的职业道德习惯。实践出真知，人们只有在职业实践中才能真正认识体会到自己对职业的情感和责任，才能担当起使命。烹

饪是一门实践性很强的工作，厨师只有在实践中崇尚厨德，身体力行，才能发展完善自己。

实践探究

北京市职教名师，北京市职业院校烹饪专业创新团队带头人，中餐烹饪高级技师，高级教师向军老师在经验交流中说："在工作中，我注重对学生进行厨师职业礼仪的养成教育。我的每节课上，我要求每个学生必须严格按照厨师的礼仪穿好厨师服，带好角巾和厨师帽，并始终保持干净整洁。我告诉学生，厨师工作服不仅代表着厨师的身份，更体现对顾客、对自己职业的尊重和热爱。未正人先正己，28 年来，只要上专业课，我都在课前按规范穿戴厨师服装，无论厨房如何闷热，我都始终保持自己的服装礼仪，给学生做出表率。经过长期的训练，我的课上已形成了不穿工作服不能进实训室的惯例。因此，在我的课上，无论是在师生互动还是在自主练习环节，我的学生都个个着装整洁、彬彬有礼，俨然一个个赏心悦目的小厨师。对学生的职业礼仪培养还体现在对学生课上站立、行走姿势的训练和要求，站如松，行如风，不摇头晃脑，不大声喧哗，是我对学生的课堂基本要求。每当学生不符合要求时，我都要提醒他们，你们是厨师，你们是在工作，要有厨师的作风。别小看这些不起眼的要求，它对学生树立职业意识、养成职业素养起到了很重要的作用。厨师的基本素养不仅体现在外在，还体现在内在的为人处事上，传统的烹饪文化对厨师的为人处事都有明确的要求，其中敬上爱下，尊重师傅、友爱同事是厨师职业素养最基本也是最核心的一条，我认为这种优良传统不能丢。因此，在我的课上，我会时时处处要求学生敬上爱下、严守厨道。"

天生我才

任务要求建议：

1. 向军老师的话，对你有什么启示？

2. 说说重视厨师的礼仪形象和严守厨道的重要性。

3. 谈谈在实际生活和学习中，我们应该如何重视自己外在的形象，修炼自己的内在品行。

形式建议：课堂案例分析，小组讨论，课堂发言。

活动收获

我的同伴

我的对手

我的老师

我对自己

评价内容	评价标准	评价(分值:20分)
内容	紧贴主题,内容合理、实际	
观点	观点明确,理论与事例结合得好	
表达	语言文字流畅,重点突出	
亮点		
建议		

学以致用

厨师形象的要求

一、活动主题

展厨师礼仪,树厨师形象。

二、活动内容

在线答题

通过网络、图书等工具,查找、了解对厨师礼仪形象的要求,再通过礼仪小品表演的形式展现厨师礼仪风采。

三、任务要求

(1) 从个人的仪容仪表、形体姿态、文明语言以及人与人的交往礼仪,乃至职业礼仪等方面进一步全方位、多方面了解厨师礼仪形象的要求。

（2）分小组活动，以礼仪小品表演的形式，分工配合，协作完成。

（3）各组参与评价，指出优点、发现不足，继续完善。

四、活动结果

在课堂上展示汇报，同学观看、评论，教师点评。

（韩荫华）

第五课时

重传承　勇担当

学习任务

烹饪是一种文化，也是一种精神。中华烹饪文化经过数千年的传承、发展，对中国、对世界都具有不可忽视的影响。作为一名烹饪专业的学生，要充分地了解、热爱中华优秀传统烹饪文化，了解中华烹饪体现出来的民族精神，增强民族自豪感。同时作为一名未来的烹饪工作者，也要知道传承、弘扬中华烹饪文化是自身不可推卸的责任。要勇于担当起这种责任，博采众长做大厨，技艺传承有特色，在传承中弘扬中华烹饪文化。

学习目标

（1）了解、热爱、弘扬源远流长的中华烹饪文化，增强民族自豪感，自信心。

（2）能认识到新时代新形势对中华烹饪文化全面振兴发展的要求。

（3）能认识到传承、弘扬中华烹饪文化是不可推卸的责任。要坚守匠心、勇于担当、传承技艺。

案例引导

2017年4月21日，京城名厨齐聚大董工体店，同贺功勋级烹饪艺术家、鲁菜泰斗王义均八十六寿辰。东方美食研究院院长刘广伟先生前往祝寿，并为王老先生颁发了伊尹终身成就奖证书。伊尹奖，是《东方美食》以厨祖伊尹命名的、被行业认可的至尊奖项，伊尹终身成就奖是伊尹奖的最高奖。鉴于王义均崇高的职业道德、高超的厨艺和对烹饪行业的巨大贡献，中国伊尹奖委员会特颁发伊尹终身成就奖，这是委员会颁发的第一块伊尹终身成就奖。颁发给王义均老先生这个奖项，实至名归。

东方美食研究院院长，鲁菜传人刘广伟先生高度评价王义均老先生：王老是集继承者、发扬者和传承者于一身的“三者大师”。所谓继承者，是对传统技艺的学习、模仿，讲究惟妙惟肖，不差分毫。一个菜系的继承，少则十年，多则二十年、三十年。必须吃得苦中苦，方能学得艺中艺。王先生13岁便步入“勤行”，开始了他的“蹭勺”生涯，从最基本的厨房打杂、各类糙活做起，数十年磨一剑。鲁菜的炸熘爆炒，汤汁糊芡，样样精通。更重要的是王先生继承了前辈的良好品德，做人做事满满的正能量。所谓发扬者，是在继承基础上再上层楼，是在熟练掌握了前人技能之后，

能够出新，能够变革，能够有自己的东西，有与众不同的东西，把传统的技艺和产品向前推动一点点。在1983年的“全国烹饪名师技术表演鉴定会”上，王先生一举夺得“全国最佳厨师”和“冷荤拼盘工艺优秀奖”两项大奖。这一成绩的取得，靠的不仅是他苦练多年的基本功，还有他敢于突破、勤于探索的创新。所谓传承者，是把自己学到的、创新的知识传授给青年人，师徒相传，是中国的烹饪文化经久不衰、历久弥新的主要方式。烹饪路上，王先生步履不停，培养了很多优秀的徒弟。其中最为有名的便是屈浩和董振祥。特别是董振祥的“意境菜”，在鲁菜的基础上自成一派，声震海外，先后接待了60余位国家政要。收徒不是一件难事，难在是否能培养出“青出于蓝而胜于蓝”的徒弟。

议一议

1. 为什么说王义均老先生获得伊尹终身成就奖实至名归？

2. 刘广伟先生评价王义均老先生是“三者大师（继承者、发扬者、传承者）”，你有何感想？

知识积累

巍巍华夏，有着悠久灿烂的烹饪历史，随着人类历史发展的进程，中华烹饪文化也不断地丰富发展，最终取得了辉煌的成就。烹饪，是中华各族人民在实践中探索、创造、积累的一笔宝贵财富。我们要了解、热爱中华烹饪文化，理解中华烹饪所代表的民族精神，增强民族自豪感、自信心；也要担当起传承弘扬中华烹饪的责任，传承弘扬辉煌灿烂的中华文明、悠久的中华烹饪文化。

一、了解烹饪文化，热爱中华烹饪

（一）中华烹饪是一种文化

中华烹饪具有独特的民族特色和浓郁的东方魅力，中国，自古以来就有“烹饪王国”的美誉。中华烹饪，就是一本永远品味不尽的精妙的书本，透露出隽永的、美妙的神秘气息。几千年烹饪技术的发展，带给人们的是舌尖上的美味，留在心中的却是一个民族的灿烂的文明。每一道菜肴，都包含着精美的传说，每一样食物，都有一段不平凡的故事。烹饪，不仅停留在人们关于美味的记忆上，更是承载着对这个古老礼仪之邦深远文化内涵的认知。

中华烹饪沉积了厚重的中华文化，承载着灿烂的中华文明。对中华烹饪的认识，不应仅仅停留在美味上，更要认识到它所包含的、所代表的中国人的观念、礼仪、习俗、文化、制度等。中国人重视食物，民以食为天。人们在奋斗、发展的过程中，为了生存、发展的需要，形成了一系列观

念、制度、习俗、礼仪、规范等，这些习俗、礼仪、制度等体现在中国人最重要的食物上，长期积累，形成了我国宝贵的烹饪文化，它包含了烹饪技术、烹饪生产活动、各类食物、各种饮食活动以及由此衍生出的众多精神文化产品。这就是中华烹饪文化。

（二）中华烹饪是一种精神

中华烹饪文化以味为核心，以养为目的，注重“精”“养”“味”“形”“美”“质”。人们在得到感官享受的同时，更体会着中华烹饪所表现出来的精神。

1. 中华烹饪追求精益求精 “精”是中华烹饪文化的一大特点。中国菜对于烹饪极为讲究，历代烹饪大师们，秉着精益求精的工匠精神，在烹饪的过程中追求极致，注重精品意识。烹饪的每一道过程，包括选料、饮食环境，都要求体现着“精”字。选料要谨慎，刀工要精细，造型要逼真，拼配要巧妙，口味要精美。仅烹调方法就有煮、蒸、烧、炖、烤、烹、煎、炒、炸、烩、爆、熘、卤、扒、酥、焖、拌等各种做法，每种做法都极为讲究，仅刀工之精细，就有数十种运刀技法，能将原料切制出上百种形状。

2. 中华烹饪追求兼收并蓄 四大文明古国，只有中国是唯一延续下来的文明古国。中华文明之所以永存，是因为中华民族是包容力强、融合力强的民族，中华文化海纳百川、博大精深，中华烹饪也是兼收并蓄。在中华民族的发展过程中，随着经济、文化的发展，各民族之间的交流融合，各民族的饮食文化、烹调技术也在相互交流影响，逐渐荟萃为今日菜系丰富、体系庞大的中华烹饪。而且对于其他国家、民族的烹饪文化，中国历史上人们也从来都是开放的态度，并不排外。改革开放的今天，中国对各国的饮食文化，更是中西交流、融合发展。

3. 中华烹饪追求健康向上 中华民族是一个重视养护生命的群体，饮食的基本目的是维持生存，而注重养生则是为了追求生存质量，它所表现出的就是一种积极乐观、健康向上的人生态度、价值观念。养生是中华烹饪文化中的重要内容。中国人有“医食同源”和“药膳同功”的说法，人们利用食物原料的药用价值，用不同的烹调方法，做成各种美味佳肴，达到防治疾病、调理身体、愉悦精神的目的。中华烹饪以谷物为主，注重饮食保健。这都体现着中华烹饪追求的积极健康、讲究生活质量的目的。

4. 中华烹饪追求不断创新 在注重口味、注重养生的同时，中华烹饪也追求饮食过程中的品位和情趣。在烹调方法上、造型艺术上都讲究创新，追求菜式的意境美，力求表现菜肴的美感。西瓜皮、红萝卜、白菜心、南瓜头等等，都可以用来雕刻成各种造型，独树一帜，达到美的和谐统一。各种动物、蔬菜和吉祥图案常常出现在人们的菜桌上，体现着中华烹饪的高超技艺和创新精神。我国各大地方菜系，如闽菜、川菜、粤菜、京菜、鲁菜、苏菜、湘菜、徽菜、沪菜、楚菜、辽菜、豫菜等，各大菜系在制作方法上更是各有特色，在搭配上也独具特色，各有千秋。另外，菜名也独出心裁，如夫妻肺片、东坡肘子、狮子头、松鼠鳜鱼、叫花鸡、满汉全席、鸿门宴……无一不体现着烹饪大师们孜孜以求的创新精神。

（三）热爱中华烹饪文化，增强民族自豪感

中国地大物博，资源丰富，各地地理、气候等环境因素差异很大，物产和风俗也多种多样，人民口味自然不同，有喜辣的、有偏酸的、有喜甜的，南方人喜吃米，北方人爱吃面。在饮食上逐渐

也形成不同的风味流派和饮食文化圈。东北、西北、长江流域、川蜀、闽南、齐鲁等各地口味不一，形成了鲁菜、川菜、粤菜、闽菜、苏菜、浙菜、湘菜、徽菜八大菜系。八大菜系品种繁多，风味多样，独具特色，各有千秋，文化内涵丰富，是中华烹饪的精华。它不仅仅是中华民族一份宝贵的、丰厚的财富，也是世界烹饪的宝库，全人类的文化财富。

中华烹饪文化从它诞生的那一刻起，就打上了中华民族的烙印，具有十分鲜明的民族个性特征，具有浓郁的东方特色。它根基扎实丰厚、有着很强的包容性、融合力，生命力旺盛。只有民族的，才是世界的。中华烹饪文化是世界文化宝库中一笔宝贵的财富，美食中国、烹饪王国等美誉，实至名归。

中华烹饪文化以其独特的魅力永流传，几千年的文明靠的是传承，靠的是烹饪人的代代相传。没有前辈大师们的努力探索就没有现代烹饪技术的发达和创新。没有师傅们的传授就没有今天的繁荣兴盛，有了代代相传的手艺，中餐才会千古流传。我们作为烹饪专业的学生，更应了解中华烹饪的博大精深，兼收并蓄，了解中华烹饪文化对世界文化的贡献，增强民族自豪感，热爱自己的专业，喜爱、尊重自己的烹饪事业，尊重老一辈烹饪大师，传承、弘扬中华烹饪文化。

二、担当时代责任，传承烹饪文化

（一）新中国烹饪事业的发展

中华人民共和国成立以后，烹饪事业受到重视，厨师地位得到了很大的提升，受到了人们的尊重和爱戴，厨师们自身的事业也得到发展。国家百废待兴，依然重视烹饪事业，大力抢救发掘烹饪文化遗产，重视烹饪老字号的建设，兴办一批烹饪企业。国家也重视现代烹饪教育，举行多种形式的办学，如烹饪职高、中专、技校、大专、本科等等，培养不同层次的烹饪人才。在企业实践中，也大力发展师带徒的形式，促进烹饪人才的发展。

改革开放以来，我国烹饪事业进入了更加繁荣与发展的阶段。改革开放为中国烹饪发展插上了翅膀，行业协会陆续成立，烹饪职教开始盛兴，大专、中专、职业高中等各种烹饪专业学历教育及短期职业培训等不断涌现，学厨成为很多青年人的选择。餐饮市场进入繁荣阶段，酒店数量大幅增加，全国各地菜系发展迅猛，厨师地位进一步提高。随着中华烹饪的不断发展，影响范围日益扩大，越来越多的人开始了中华烹饪文化的研究，许多学者、专家开始总结中华烹饪文化的发展。

（二）新时代对中华烹饪发展的要求

十七届六中全会通过的《中共中央关于深化文化体制改革推动社会主义文化大发展大繁荣若干重大问题的决定》，非常明确地做出了“大力发展文化产业”的决定，以文化为内涵的餐饮产品开发也成为当前我国餐饮业发展的热点趋势。党的十八大以来，以习近平同志为核心的党中央高度重视文化交流工作。中华文化的国际影响力显著提升，中华美食和烹饪文化的独特魅力进一步得到发挥。《关于实施中华优秀传统文化传承发展工程的意见》特别要求：推动中外文化交流互鉴。支持中华医药、中华烹饪、中华武术等中华传统文化代表性项目走出去。到 2025 年，中华优秀传统文化传承发展体系基本形成，研究阐发、教育普及、保护传承、创新发展、传播交流等方面协同推进并取得重要成果，具有中国特色、中国风格、中国气派的文化产品更加丰富，文化

自觉和文化自信显著增强，国家文化软实力的根基更为坚实，中华文化的国际影响力明显提升。

（三）担当起传承烹饪文化的责任

1. 传承中华烹饪文化是社会赋予厨师的职责 中华烹饪经过数千年的传承、发展，形成了川、鲁、徽、浙等八大菜系，对中国、对世界都具有不可忽视的影响，我们当以这些文化瑰宝而自豪。传承祖国博大精深的烹饪文化与技艺，将中餐烹饪技术发扬光大，让世界品味中国，这是一代代厨师们的梦想，也是社会赋予厨师的职责。传承发展中华烹饪，不仅仅是一份荣耀，更是一份沉甸甸的责任。在烹饪传承的道路上，无论是默默无闻、隐匿在偏僻的背巷小街里普通餐馆的厨师，还是奋战在星级酒店的各路"大厨"，都有责任和义务将中华烹饪的传统手艺更好地传承下去。

2. 学好厨艺，坚守匠心，传承中华烹饪文化 传承中华烹饪文化的历史重任义不容辞地落到了青年人的身上，我们要担当起这份责任，学好厨艺，锤炼品格，塑造良好的道德品质。我们要以持之以恒、吃苦耐劳的毅力，以精益求精的工作态度和海纳百川、虚心好学的精神，尊师重道，团结协作，刻苦钻研，坚守匠心，穷尽一生磨炼技能，善于总结经验教训，敢于实践创新，不断提升技术、突破自我、超越自我，博采众长做大厨，技艺传承有特色。把中华民族几千年悠久的烹饪文化传承下去，也把不断创新、渴望美好的民族精神传承下去，让中华烹饪誉满全球，对国家，对民族的发展做出贡献。

实践探究

2016 年 1 月 30 日，由北京烹饪协会主办的"中华烹饪技艺传承文化工程"在北京启动。据北京烹饪协会会长云程介绍，"中华烹饪技艺传承文化工程"主要内容为深度挖掘整理各大菜系、餐饮老字号元老级（年龄 70 岁以上，含 70 岁）烹饪大师的从业经历、技艺绝活，编辑出版题为《传承》的书籍，将烹饪技艺推向一个更高的平台；采用现代信息手段，保存传承人的音像视频档案资料，拍摄制作"技艺传承、名师示范"教学纪录片；举办"中华烹饪技艺"大讲堂系列活动，让烹饪大师走进企业、烹饪技术学校展示国宴经典、技艺绝活，与年轻的厨师、学生面对面交流，提高烹饪行业整体技艺水平；组织饮食行业专家学者研究整理"北京菜系烹饪技法"菜品集萃，推出国厨名菜谱；建立烹饪技艺传承人"谱系"档案库，理清师徒脉络，广泛征集图片及影像资料，实现电子档案大数据管理；积极参与有关部门烹饪制作技艺传承人的认定工作。

北京烹饪协会自 2002 年以来，对年龄 70 岁以上、从厨 50 年以上、厨艺精湛、声誉卓著的烹饪大师授予"国宝级大师"称号，将厨艺高超，在行业内具有很高影响力的中青年厨师评定"北京特级烹饪大师""北京烹饪大师"。他们代表北京烹饪技艺最高水平，形成了北京餐饮行业实力雄厚的技术骨干队伍。

天生我才

任务要求建议：

1. 北京烹饪协会启动"中华烹饪技艺传承文化工程"有哪些重要意义？

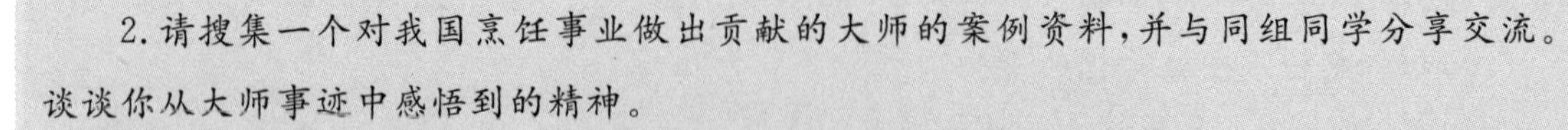

2.请搜集一个对我国烹饪事业做出贡献的大师的案例资料，并与同组同学分享交流。谈谈你从大师事迹中感悟到的精神。

3.谈谈在学校学习阶段如何向大师学习，努力提升自己的技艺水平。

形式建议：小组案例分享、交流发言。

活动收获

我的同伴

我的对手

我的老师

我对自己

Note

评价内容	评价标准	评价(分值:20分)
内容	紧贴主题,内容合理、实际	
观点	观点明确,理论与事例结合得好	
表达	语言文字流畅,重点突出	
亮点		
建议		

学以致用

一、活动主题

我了解的中华烹饪文化。

二、活动内容

搜集有关中华烹饪文化的资料(包括历史发展、菜品流派、地方特色、典故传说等),了解、热爱、传承、弘扬中华烹饪文化。

三、任务要求

(1)明确任务内容,多方面搜集资料,多途径了解中华烹饪文化。

(2)活动形式多样,可制作手抄报、电子演示文稿、小视频等。

(3)在资料搜集的过程中了解、热爱、传承、弘扬博大精深、源远流长的中华烹饪文化,树立文化自信,增强民族自豪感。反思自己在中华烹饪事业发展中面临的时代要求和历史使命。

在线答题

四、结果呈现

教师评选优秀作业,并在班级汇报展示,同时上传至学习资源平台。

(韩荫华)

第六课时

铸根基 筑梦想

学习任务

作为烹饪专业的学生，肩负着传承中华烹饪文化的时代责任和弘扬发展中华烹饪的历史使命，应勤奋学习，筑实基础，丰富自己，准备未来；要脚踏实地，树立志向，刻苦磨炼，积极进取；要摒弃偏见，博采众长，中西烹饪交流融合；要与时俱进，推陈出新，谋求发展，筑就伟大中华烹饪梦。

学习目标

(1) 知道在校期间筑实基础，丰富知识，储备技能的重要性。

(2) 能在校学习期间树立志向，早做准备，自强不息，积极进取。

(3) 明白与时俱进，抓住机遇，立志为弘扬中华烹饪事业而努力奋斗。

案例引导

赵西刚，中国烹饪大师、陕西烹饪大师、国家高级技师，陕西省中华厨艺公益形象大使。赵西刚为复兴弘扬、发展创新陕菜做出了积极贡献。

1999 年 7 月，赵西刚第一次参加第四届全国烹饪大赛陕西赛区分赛，就以“葵花鲍翅”“金钱瑶柱酿瓜环”两道创新陕菜菜品斩获个人热菜金奖，同年并喜获中国烹饪大师荣誉称号。2010 年 5 月，赵西刚加盟唐乐宫，唐乐宫是各国政要及中外宾客造访西安的必到之处，以其美轮美奂的歌舞表演和博大精深的饮食文化，令广大中外嘉宾流连徜徉、陶醉其中。在唐乐宫，赵西刚以陕菜烹调技法相继研制开发的“春色满园”“龙驭辋川”“骊宫艳影”“临潼烽火”“神农本草”等高端仿唐系列宫廷宴席，令广大宾客一饱口福，同时还穿越历史，在古长安的历史文化长河中壮游一番。近年，赵西刚又带领公司餐饮团队，成功推出“二十四节气养生火锅”，将上乘食材与当下节气巧妙地进行组合搭配，满足了广大消费者颐养健康和品鉴美味的双重需求。根据西安团队旅游市场的需求走向，又及时推出极具陕西地方特色的“饺子宴”和“陕西风味宴”，以传统及创新陕菜，各式手工水饺和琳琅满目的陕西地方小吃为主打，受到国内外许多游客的高度赞许。

赵西刚表示，自己从陕菜起步，对陕菜的热爱早已经融入身体之中。怎样才能让陕菜得到发展，各大地方菜系间的融合创新非常重要。为了在各大菜系间扬长避短，融会贯通，博采众长，为

我所用，赵西刚曾先后多次到上海、广东、重庆、江苏、湖南、成都等地学习深造，以便在更高层面上了解把握整个行业动态，不断完善丰富自己，开阔视野。

议一议

读完赵西刚博采众长、不断创新、发扬陕菜的事迹材料，你从中感悟到了什么？

......

......

......

......

......

......

知识积累

每一个从业者要想为中华烹饪事业做出贡献，不仅需要有一颗热爱烹饪事业的雄心，而且还要具备扎实的基础、丰富的知识、深厚的实践经验。青年学子要早做准备，勤学苦练，脚踏实地，树立远大志向。既要在文化传承中发挥传统特色，又要在激烈的市场竞争中推陈出新。要立足当下，放眼未来，抓住机遇，迎接挑战；交流融合，发扬光大，为实现伟大的中华烹饪梦而努力。

一、铸根基，树志向

作为学习中华烹饪的学子，我们热爱自己的国家，热爱自己的烹饪行业，要想把这一行发扬光大，成为中华烹饪的传承者、发扬者，不是仅仅凭一颗热爱烹饪事业的雄心就能成功的，也不是喊几句口号就能实现的，还必须通过实际的行动，来践行自己的理想、目标。在学习的阶段就得刻苦磨炼自己，自强不息，做到厚积薄发，成就梦想。

（一）重视基础，储备自己

1. 重视基础，勤奋练习 基础是最重要的，根深则树茂，基本功扎实，后期的发展稳如磐石；相反，根基不稳，就算砌成摩天大厦，也一样会崩溃倒塌。打好基础，离不开勤奋踏实。“天道酬勤”，勤奋是一件难能可贵且必不可少的品德。厨师也是一样，需要勤奋、刻苦、坚持不懈地练习，打好烹饪基本功。“只要功夫深，铁杵磨成针。”也是有道理的。

2. 丰富知识，储备自己 厨师不但要技术精湛，理论知识也要丰富深厚。新时代需要有文化的厨师。中华烹饪承载着中华几千年的文明，充满着优秀传统文化知识，弘扬中华烹饪，离不开厨师自身丰富的文化素养。所以在学厨的时候不仅要练习厨艺，也要重视理论知识、文化知识的学习。要成为一名有文化、有知识的厨师。“三更灯火五更鸡，正是男儿读书时。”同学们应珍惜青春年华，丰富知识，储备自己。奋斗的青春最美丽，千万不可“黑发不知勤学早，白首方悔读书迟”。

(二)脚踏实地,树立志向

1. 脚踏实地,热爱烹饪 发展自己,就要树立远大理想,但远大理想切不可脱离实际,好高骛远,脱离实际只能使人夸夸其谈,做事则想投机取巧,遇到困难反而怨天尤人,不从自身找问题。职业没有高低贵贱之分,都是一样付出劳动,服务人民,为社会做贡献。选择一门职业,一个岗位,就要热爱自己的职业、热爱自己的岗位,认真负责做好本职工作。厨师是一门职业,要想在厨师这个行业做好、做出成绩,首先要尊重这个行业,热爱这个行业。中华民族历来就有"敬业乐群""忠于职守"的传统。选择了烹饪,就要脚踏实地,热爱烹饪,才能精益求精,做出成绩。

2. 仰望星空,树立志向 "志不立,天下无可成之事。"青年人是早上八九点钟的太阳,未来可期。在事业发展的道路上,要对未来充满希望,早日立志,确定自己职业发展目标。要树立远大理想,理想是人生的精神支柱,是奋斗的动力,是人生航程的方向。目标明确,志向远大,事业成功的可能性则更大。高尔基说过:一个人追求的目标越高,他的才力就发展得越快,对社会就越有益。青年学生当志存高远,应把自己的志向同社会发展、人民需要、国家需要结合在一起,做一名优秀的厨师,在事业上做出成就,为社会、为人民、为国家做出贡献。

(三)把握现在,刻苦磨炼

1. 把握现在,做好准备 一个人的发展是一个连续积累的过程,一个人的成功,重要的是把握现在,而不是空谈未来。同学们应立足当下,放眼未来。在当下的学校学习生活中就开始为未来职业的发展做好充分的准备。机会是留给有准备的人的,同学们应尽早树立职业目标,确立职业理想,做好人生的规划,职业理想、职业目标不是空洞的口号,而是要把它变为实实在在的行动,千万不要躺在床上做梦,梦醒了依然还躺在床上。

2. 坚持不懈,刻苦磨炼 "宝剑锋从磨砺出,梅花香自苦寒来。"要想实现自己的理想,就要坚持不懈地从各方面积极刻苦锻炼自己。在课堂学习、实训学习和社会实践中磨炼意志,不怕脏、不怕苦、不怕累,积极动手操作,努力掌握知识和技能,并且要积极参加体育锻炼,在各种体育活动中强身健体;更重要的是加强个人修养,提升道德素质,培养职业精神,为将来走入社会,承担责任打好基础。

二、谋发展,筑梦想

(一)自强不息助成长

1. 自信自强,发展自己 "天行健,君子以自强不息"。能力和才干不是天生就有的,虽然人的智力水平有先天遗传的因素在里面,每个人的能力也有高低,但最终决定一个人能否成功,更重要的是后天的个人努力。每个人都渴望成功,但成功不是天上掉下来的,是在长期的学习、工作的实践中磨炼自己取得的。"鸡蛋,从外部打破,是毁灭;从内部打破,是生命。"所以,更重要的是我们要自信自强,注重理论与实践的有机结合,抓住各种锻炼的机会,注重自身的成长,自强不息,积极发展自己。

2. 抓住机遇,迎接挑战 "美食中国"积攒了千年的烹饪实践经验,对世界来说,也是一笔宝贵的财富。但是,时代在发展,随着世界人民的交流融合、经济文化的发展,人们的需求、口味也在不断变化,一味固守传统只会故步自封。开放多变的环境给中华烹饪发展带来了挑战,也创造

了机遇。作为现代烹饪学子，面对挑战与机遇同在的境况，既需要传承，因为只有民族的才是世界的，也得发展，传承的同时，要注重创新，要有强烈的创新意识和顽强的创新精神。创新是一个民族不竭的发展动力。中华烹饪也只有创新，才能发展。传承不守旧，创新不忘本。与时俱进，在实践中丰富发展中华烹饪。

（二）交流融合促发展

1. 博采众长，丰富发展 弘扬中华烹饪文化，实现伟大的中华烹饪梦，固守传统，墨守成规肯定得不到发展。餐饮人要顺应时代的变化，跟上时代的潮流，不断学习以开辟新原料、新技法，吸取他菜精华，承继优良，就应该走出自己的小圈子，到全国各地去了解其他菜系、菜品，学习其他菜系、菜品的特点，并能融会贯通，丰富发展。当技术水平及业务能力都达到了一定的境界，还可以参加各种交流、各种比赛。丰富、锻炼、检验、提升自己，也丰富发展中华烹饪。

2. 摒弃偏见，中西交流 随着国际交流的深入，东西方厨艺学习交流的机会越来越多。菜系融合、中西交流是大势所趋。身处开放发展融合的新时代，任何轻视西方烹饪的偏见都是不对的，拒绝外来文化，固守成见，只能故步自封，不利于中华烹饪的传承发展。我们要打开思路，开阔视野，提升见识，多交流参观，多虚心学习，东西方都有自己的优点，只有兼收并蓄，融合中外美食的特点，早日与世界接轨，才能走向世界，发展中华烹饪。

（三）肩负使命筑梦想

1. 不忘初心，追求梦想 每个人都会有一个梦想，可大可小，亦远亦近。有了梦想，就要努力奋斗，去追求梦想，一心一意去做事，一步一步实现自己的梦想。不管遇到怎样的迷茫和忧虑，都要坚定不移，不忘初心，全心全意，尽职尽责地工作、学习，做最好的自己，那么就一定会实现自己的梦想。当每个人的梦想得以实现，伟大的民族复兴之梦就会实现。我们烹饪学子，当以做一名好厨师为目标、为梦想。伟大的中华烹饪梦如同摩天大厦，我们每个厨师的梦则好比一砖一石，个人的梦与中华烹饪梦息息相关，无数厨师的“个人梦”的总和，就是伟大的中华烹饪梦。当每一个烹饪学子的梦想实现了，那么中华烹饪复兴振兴、发扬光大的梦想自然而然也就实现了。

2. 努力学习，实现超越 梦想的实现，离不了实干，更离不了青年的责任担当。我们在追求理想的征程中，要有强烈的社会责任感。我们作为中华烹饪文化的继承者，肩负弘扬中华烹饪文化、实现中华民族的伟大复兴之梦的使命，我们要担当起这份责任，培养优良品质，听从使命召唤，让伟大使命引领未来。为了实现梦想，我们就得努力学习，勤练技能，丰富知识，提升素养，锤炼品格，重视实践，推陈出新。否则难以实现超越，不超越，则难以推动烹饪事业的发扬光大。超越不是当大官、挣大钱、做大事、立大功，而是立足本职岗位，充分发挥自己的聪明才智，尽心竭力地做好每一件事，不计较身份和价值的尊卑，不辜负职责和使命。踏踏实实，兢兢业业，坚守匠心，精益求精，为中华烹饪的发展振兴做出自己力所能及的贡献。

实践探究

邹胜利，出身于餐饮世家，1993 年创立玉林烤鸭店，现任玉林餐饮集团董事长，旗下拥有玉林烤鸭店、一花一叶等知名餐饮品牌。

作为“八大菜系”中最古老的菜系，鲁菜在中国饮食文化的发展史上占据重要地位，在对外的

饮食文化交流活动中颇有代表性。

在坚持传统鲁菜的同时，玉林餐饮的专业团队始终坚持创新，如胶东海鲜聚宝盆、葱烧海参鲜鲍、贝蓉扒鱼肚等创新菜已经推向市场。2015 年，玉林餐饮派出多位烹饪大师参加 2015 巴黎国际杯“中国美食国际文化节”暨 2015 巴黎“国际烹饪中餐大赛”，其中“福禄寿禧宴”获得五钻金奖，获奖菜品齐鲁御葱烧海参、金环玉带花富贵等均是以鲁菜为核心特别设计的，凸显了深厚的鲁菜传统文化。

在“中国—以色列名厨美食文化交流会”上，玉林餐饮的菜品赢得外宾的一致肯定。酥炸脆皮虾改用炸土豆丝做的雀巢盛装，蘸椒盐或蘸酱食用皆可；鲁味干烧鱼本来是全鱼，当天改为干烧鱼块。“干烧鱼块就是鲁菜的创新，味道没缺，还是过去鲁菜的味道，但是我们把形式变了。”邹胜利强调，“虽然鲁菜有几千年的传承，但是如果你不革新、不变革，就是死路一条。”

邹胜利平时喜欢看书，采访中经常会引用一些成语和典故。他对鲁菜爱得深沉，以“矢志不渝，振兴正宗鲁菜”为使命，“把鲁菜发扬光大、让子子辈辈传承下去”是他最大的梦想。他说，很多老字号做的都是鲁菜，但是没有那么有号召力，没有一家企业挑大旗。虽然势单力薄，但我还是愿意振臂一呼。虽然造不成多大的影响，但是愚公移山的精神感动着我，我要把这种匠心精神一如既往地传承下去，把鲁菜发扬光大。

天生我才

任务要求建议：

1. 如何看待“虽然鲁菜有几千年的传承，但是如果你不革新、不变革，就是死路一条”这句话？

2. 请举一个传承与创新结合的案例。

形式建议：小组之间讨论。

活动收获

我的同伴

我的对手

我的老师

我对自己

评价内容	评价标准	评价(分值:20分)
内容	紧贴主题,内容合理、实际	
观点	观点明确,理论与事例结合得好	
表达	语言文字流畅,重点突出	
亮点		
建议		

学以致用

一、活动主题

我喜欢的一道菜。

二、活动内容

回想你制作的比较满意的一道精品菜肴,或者推荐你仰慕的大师的一道名菜。整理并进行分享展示,并说明为什么喜欢这道菜。

在线答题

三、任务要求

(1) 明确任务内容,注意搜集整理。

(2) 选择自己喜欢或仰慕的大师的精品菜肴,准备相关资料。

(3) 做一个图文并茂的报告,展示分享主题作品。

四、结果呈现

设计制作展示报告,可以是音频、视频作品,也可以是文本作品,进行分享展示。

(韩荫华)

模块二

怀匠心

□ □ □ □ □ □ □ □ □ □ □

匠心是放下浮躁、投机和功利，耐心、踏实、精益求精地钻研厨艺，创新服务内容和形式的过程中具有的服务顾客、服务社会的极致追求和巧妙心思。

第一课时

凝专注　求极致

学习任务

匠人之心，为专注者也。成长为一名工匠型厨师，要秉承专注之心，排除干扰、心无旁骛，做事情才能达到掌握和精通。阅读名师成长故事，探究在学习和生活中的专注事例，在阅读和探究中了解专注的内涵，感悟专注的意义，明确如何养成专注的习惯，培育专心专注的匠人精神。

学习目标

(1) 了解工匠精神的专注内涵。

(2) 能够用事例说明重视专注心对成为匠人的重要意义。

(3) 逐步提高工作自觉性，养成工作专注的习惯。

案例引导

他是中国研究红楼菜第一人，1983 年至今一直专注于红楼菜的研发，如今市面上红楼菜的标准制作方法，大部分出自他手，被称为红楼菜之父；他不仅是中国烹饪大师、也是国家一级评委，他就是被评为北京市劳动模范的元老级中国烹饪大师孙大力。

孙老在北京市服务学校学习烹饪，毕业后到首都体育馆后勤做了主管，因为对烹饪专业无法割舍的热爱，他拒绝了这极为难得的升迁机会。1983 年，孙老率先在全国开始研发红楼菜，在红学爱好者康成宗老师的介绍下，认识了一些红学大师，大家志趣相投。他研发红楼菜的决定，受到一派红学专家的大力支持，也得到了包括师傅高连元及王义均等大师的指导和帮助。自此，数十年如一日，他秉承专注之心，践行匠人执念，一直对红楼菜进行研发。研发红楼菜的过程，不仅要求厨师要系统全面把握整个烹调流程，还要熟知《红楼梦》的内容和写作背景，将高超的厨艺和对红楼梦的情境巧妙融合，这个难度可想而知。他没有停滞，反而乐此不疲，专注其中，直至专家认可、市场满意为止。孙老所研发的红楼宴为百年老店来今雨轩带来了新的转机，也赢得了国内外代表的极高赞誉。法国总统派特使专门邀请孙老做红楼菜，诺贝尔物理学奖获得者李政道先生一到国内就会邀请孙老做菜。孙老常说一句话，“厨艺无止境，厨德更为先”，厨师行业首先是做人，然后是做事，没有专注和用心，踏踏实实的努力，又怎么能成就一番事业。

如今，从今雨轩退休的孙老，仍然将心血用在这里。孙老时常勉励大家，他提到自己的师傅常对自己说的话:“即使当了总理,也不要扔下勺把儿,不要河漂一冒”。这位令人尊敬的大师对美食一生的情缘和孜孜不倦的追求,秉承工匠初心,践行工匠精神。

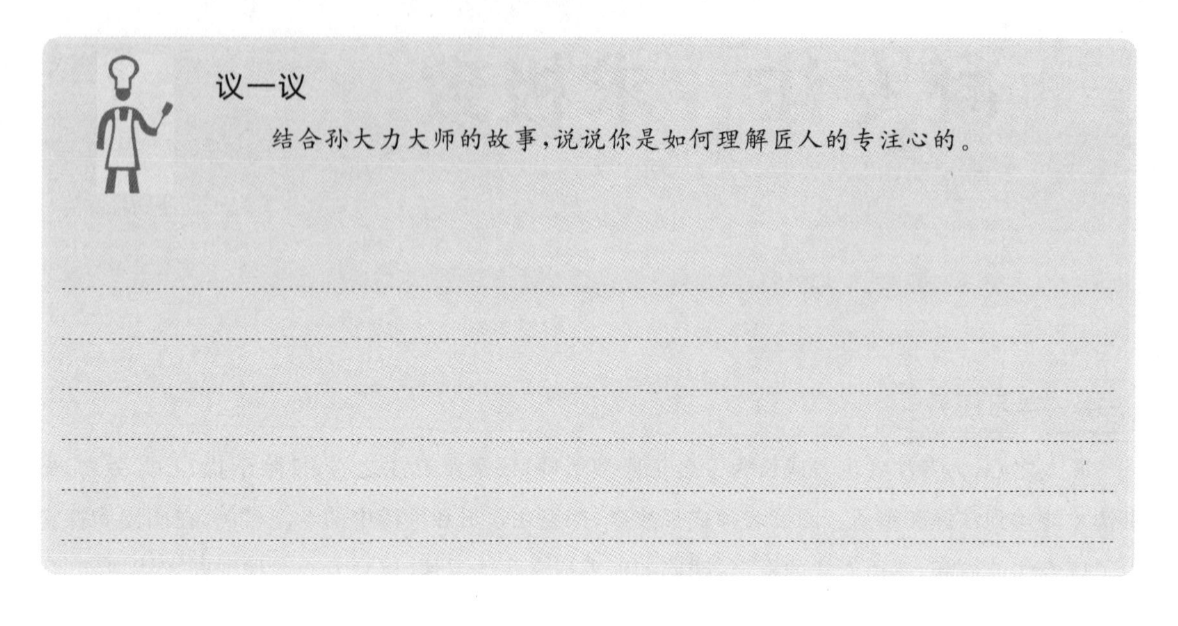

知识积累

匠人之称是厨师的荣耀,对于匠人来说,每天重复简单的工序,不过几分钟的时间,背后却凝聚着千百年的技艺传承。一道美食,选材上用了多少心思,烹饪过程中用了几分专注,品尝者都可以用心获知。专业的厨师能够把自己的专注凝聚到烹饪艺术中,专注于厨艺精进、专注于菜品提升、专注于顾客体验,不断地发挥热情、创造自我价值。

一、工匠厨师的专注心:痴心、立志、进取

专注心是指能够把自己的时间、智慧和精力都倾注在做某件事情上,全身心投入,是一种全神贯注、集中精力、心无旁骛的心理状态。

专注是工匠精神的宝贵特质,是一种重要的力量支撑。只有用心、专注,热爱所做的事才能真正做好。具体来说,工匠精神的专注内涵体现在以下三个方面。

(一)迷恋执着,痴心为专注

工作在每个人的生命中都会占据很大部分的时间,从事自己认为具有非凡意义的工作,会带来真正的满足感和幸福感。工作不只是职业,更是愿意为之付出,奋斗终生的事业。人的一生,总需要一份执念。厨师匠人的执念就是专注于烹饪艺术。烹饪的不仅是美食,亦是一种对人生的态度。每一次炉灶上的舞蹈,都是一场内心的碰撞,每一支厨具间叮当的歌谣,都是一曲生命的独奏。一旦你选定好厨师的职业,所有的精力都要用于精心雕琢食物的味道,打磨烹饪工艺和手法,追求菜品完美和极致,穷尽一生磨炼技能。

(二)责任满怀,立志为专注

唯有志向高远,人们才能心怀责任,正是这份在肩的责任感,才能让人们专注于工作,专注于自己的事业,成为匠人。唯有使命感,才能让人们心无旁骛,才能全身心投入工作,成为当之无愧

的匠人。餐桌上菜品的色、香、味、形、意，都是来自能工巧匠们的精雕细琢，真味背后都蕴含着一颗专注之心。满怀自己的事业追求，任何一个工匠型厨师都不会简单满足于对菜品的完成而已，他们所追求的是对食物色、香、味、形、意的充分表达，对美食文化的传递与输出，传承与创新，所烹饪的不仅仅是菜品，更是对中华饮食文化的情感。

（三）热情昂扬，进取为专注

如果缺少热情，世界上任何一件伟大的事业都不可能实现。对于具有匠心的人而言，永远保持最佳状态、激情工作，既是职责所在，也是使命所系。拥有激情，需要具备百折不挠、越挫越勇的精神，需要树立积极的工作心态，将旺盛的精力和饱满的热情贯穿于工作的每时每刻。真正工匠的菜品，色、香、味、形、意能经得起食客慢慢品味。保持对做菜持久的热爱和激情是作为厨师的匠心，这会让你把所有的热情、对生活的理解都注入你烹制的每一道菜品里，打造出有故事、有传承、有情怀的美食。

二、工匠厨师的专注素养：专注目标、专业、初心

工匠们始终做到一丝不苟，全身心地沉浸在自己热爱的事业之中，专注于自己作品的精雕细琢，他们心无旁骛，一心一意，既要杜绝三心二意，又要摒弃见异思迁。想要成为一名合格的工匠、真正的行家里手，需要我们不断进行学习和思考。培养自己的专注力，为专注工作创造条件应该做到以下几点。

（一）专注目标，惟精惟一

惟精惟一，是指自己一生尽全力做好一件事，做到专心致志、一丝不苟、精益求精。时间如白驹过隙，人的一生时间短暂、精力有限，人的一生不可能把所有事情都做到最好，目标定了好多、什么都想做，结果却往往是一无所获、什么都没做到最好。惟精惟一就意味着要集中全部注意力，注重目标唯一，打造自己的核心竞争力。如今，花式营销比拼和过度包装是当前餐饮行业的流行趋势，因此厨师更需要关注菜品品质和质量、文化、技艺、精神的挖掘和传承。厨师要懂得创造新菜，就像个作曲家；还能够把菜谱上的文字和记号变成色、香、味俱全的一道好菜，又像是演奏家。真正的好厨师都是具备惟精惟一精神的工匠，工匠的唯一目标就是钻凿美食的深度，美食的深度是一种性情，一种态度，都市再嘈杂，内心依旧平静，面对大自然的馈赠，仔细甄别，精心烹制，用最恰到好处的温度、火候、香气呈现食物的极致之美。

（二）专注专业，追求尽美

每个行业都有自己独一无二、无可替代的专业价值。只有对自己从事的专业的内在品味有深刻的理解，而且愿意去钻研、体会和追求，不断完善提高自己的专业技能，你才有可能成为一个行业不可替代的合格工匠。一个人如若能将自己的一生奉献给一门手艺、一项事业、一种信仰，那他必能专于其中，练就炉火纯青的技术，也定能打造极致完美。比如一位 84 岁的老人用了 50 年只做一件事，那就是煮一碗晶莹剔透的白米饭，不断钻研白米饭的食材、工序、火候等等，最后成为闻名的煮饭人美食家，这是对匠心的最好诠释。

（三）专注初心，心无旁骛

面对纷繁复杂的世界，一个人要成就一番事业就必须要努力克服各种消极因素的影响和干

扰。真正的工匠要能够做到不忘初心，坚守自己的工作信仰，学会排除外界干扰，精益求精，一丝不苟，精进坚守，追求极致与完美，既要有漫漫长路的坚守，也需要有孜孜不倦的积累，更需要有不忘初心的坚守。作为美食的创造者，厨师最大的愿望是希望食客品尝自己菜品的时候，能获得超出预期的惊喜和体验，然后能够和家人一起，共同享受美食带来的欢愉。只有对食材有深刻理解和互动，厨师才能创造出脍炙人口的美食。我国许多菜系的美食也都是经过厨师匠人的不断融合、实验、创新，才得以传承保存下来，时至今日不断绽放出新的活力。

实践探究

应2018韩国平昌冬奥组委邀请，受中华人民共和国文化和旅游部的派遣，2018韩国"欢乐春节——行走的年夜饭"中国美食活动入驻平昌冬奥会环球集市世界美食文化馆。2月11日，中国美食表演团队在世界美食文化馆主舞台的表演吸引了各国游客和媒体的广泛关注。在诸多表演中，一个22岁的小伙子现场演绎了"蒙眼雕天鹅"的精彩食雕技艺。只见他蒙起双眼，娴熟地运用手中的雕刻刀，没几分钟的工夫，便将手中的白萝卜变成了一只栩栩如生的天鹅。作品展示环节，各国观众啧啧称奇，纷纷拿起相机或手机，拍下这美丽的作品。

他就是北京市劲松职业高中优秀毕业生田贵昌。2013年受李锦记集团的希望厨师公益项目资助，田贵昌来到国家级重点职业学校——北京市劲松职业高中学习中餐烹饪。在3年的正规中餐烹饪学习中，田贵昌跟随学校国家级厨艺大师向军、牛京刚等中餐烹饪专业的老师们系统地学习了中餐热菜、中餐冷菜、食雕技艺等课程。他格外珍惜这次"免费学厨"的机会，对中餐烹饪也有着极其浓厚的兴趣，他把所有的时间都用来参加各种烹饪社团和在自习室、实训室练习食品雕刻技艺。刚开始，手难免会被刀割伤，不过他还是坚持下来了。几个月后，他发现自己的雕刻技艺愈发纯熟，等到毕业时，食品雕刻已经成了他的拿手绝技。2016年，他顺利完成学业走上了工作岗位，因为在工作中表现优异、技艺超群，田贵昌有幸被"花家怡园表演团队"选中，在平昌冬奥会上进行精彩的食雕技艺展示。

匠心独运

任务要求建议：

1. 谈一谈田贵昌的故事给你的启示。
2. 分享一个你在学习中练习基本技能的妙招。
3. 搜集一些有助于专注训练，提升技艺的方法并与同学分享。

形式建议：分析简报，案例分享，手抄报等。

活动收获

我的同伴

我的对手

我的老师

我对自己

评价内容	评价标准	评价(分值:20分)
内容	紧贴主题,内容合理、实际	
观点	观点明确,理论与事例结合得好	
表达	语言文字流畅,重点突出	
亮点		
建议		

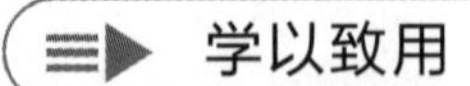

学以致用

一、活动主题

专心专注助力工匠厨师成长。

关于专注的名言

在线答题

二、活动内容

(1) 以小组为单位,锁定采访目标。采访对象包括学校专业教师、实习单位的名厨、学校优秀毕业生等。

(2) 以“专心专注助力工匠厨师成长”为主题设计访谈提纲,进行采访,并保留相关资料。

(3) 利用采访资料,模拟一个记者采访活动。

三、活动目标

(1) 理解和体会专注的品质对成长为工匠型厨师的重要意义。

(2) 锻炼分工协作、沟通交流、语言表达等能力。

四、活动过程(建议)

(1) 明确任务内容,合理分工。

(2) 与采访对象沟通,说明目的,确定时间、地点。

(3) 分工搜集重要资料,整理并设计模拟采访展示。

五、结果呈现

角色表演或通过电子演示文稿汇报、演讲等方式将访谈内容进行班级内分享交流。

(易冲)

第二课时

守责任　精技艺

学习任务

重难点提示

责任，外化于行动是为一件事尽心尽力；内化于工匠精神，体现在敬畏自己的作品，感受自己技艺的分量。在踏实苦干中锻造自我、在追求极致中燃烧青春。阅读名师成长故事，探究与专业相关的岗位责任，在阅读和探究中感悟责任心的意义，思考对自我、对工作、对他人、对社会的责任，培育以强烈的责任心和使命感高质量完成工作的匠人精神。

学习目标

(1) 了解工匠精神的责任心内涵。

(2) 能借助名厨、大师的事迹材料归纳出体现工作责任心的具体表现。

(3) 增强自己的责任意识，勇于承担责任。

案例引导

王海东，是第一个参加博古斯世界烹饪大赛的中国人，他是第一个把中国餐饮文化带到“博古斯”的人，还是第一个获得“博古斯大奖”的亚洲人。博古斯世界烹饪大赛，是一个相当于体育界的奥林匹克、电影界的奥斯卡的重大赛事，能够参加博古斯世界烹饪大赛是一种无上的荣誉，而能够在大赛上获奖的人，无疑是民族的英雄和中国烹饪界的奇才。数十年来在厨艺这条路上的不断探索，让他收获了一个又一个荣誉，面对金牌和荣誉，王海东没有沾沾自喜，他更多感受到的是责任，守护和传承中华传统技艺的责任。

2010 年，为了将中华厨艺的根更好地守护和传承下去，王海东与几位好友筹备大师工作室，除了整理和还原中华经典名菜的做法和出处，挖掘中华烹饪技艺和文化，王海东大师工作室另一项重要内容是“带徒”。在王海东看来，要将技艺传承下去，“收徒”固然不可少，但“带徒”更为重要。只有厨德、厨艺兼备的人，才能一丝不苟地将中华厨艺传承下去，并且发扬光大。而一个人带徒终究会有局限性，成立工作室就是为了整合多方资源，集团队之力、汇众家之长，培养新一代复合型厨师。在王海东的工作室，他不仅将自己多年累积的烹饪技术全盘传授，还向徒弟们言传身教厨政管理经验等等。他还专门聘请了国学大师，来为工作室的成员们讲授《弟子规》《孝经》。他要让徒弟们明白，“厨艺是从厨的根，厨德才是从厨的魂”。

2014 年 3 月，在世界中国烹饪联合会会长杨柳以及王义均、大董、屈浩等众多名厨大师的见证下，王海东大师工作室揭牌暨收徒仪式在京举行，工作室开始了对川、鲁、粤、淮四大菜系中的传统特色菜式进行还原和定标。通过科学的技术和方法，规范每一道菜的原料、辅料、调料的配比和操作工艺及成品质量标准，对加工过程中火候、加热时间以及温度进行量化，使一些濒临失传的菜品和技术可以一直传承下去。

他说工作室的使命就是中华传统烹饪技法的继承、传承、创新、传授，能将中华传统烹饪技法进行弘扬并发扬光大是他最大的心愿和目标。

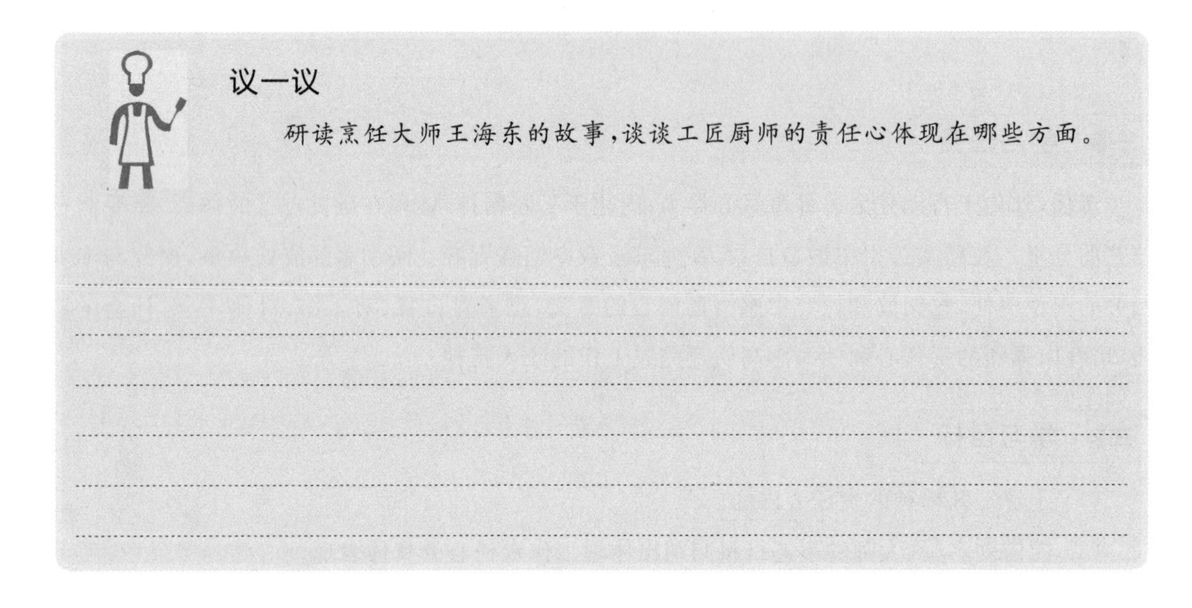

知识积累

责任心折射出匠人的品质，凸显匠人的情怀。要做好本职工作，就要有高度的责任心，要以生生不息的精神和热情去做好每一天的每一项工作。厨师对自己的工作有高度的责任心，才能打造一流的菜品，真正的工匠菜品既充分满足安全卫生要求，又以色、香、味、形、意等为物质呈现，满足食客味蕾的需求。

一、工匠厨师的责任心：心存敬畏

（一）工匠精神的责任心内涵

当我们步入社会成为一名劳动者之后，无论我们从事什么职业，都需要有强烈的职业责任心。职业责任心是指从事职业活动的人必须承担的职责和义务。具有责任心的员工，能认识到自己的工作在组织中的重要性，把实现组织的目标作为自己的目标。

作为烹饪专业的学生，我们都渴望成长为一名工匠厨师，这要求我们具有强烈的职业责任心。工匠厨师的责任心，从本质上讲，是一种生命态度、一种敬业精神，是敬畏自己的职业、以崇高的责任感和使命感高质量地完成工作的基本精神姿态。工匠厨师不同于机械操作的做菜工，他会将情怀和温度融进每一次掌勺，将梦想和执着化为每一道菜品，把每一道菜品作为一件艺术品去用心烹饪。

（二）责任心是工匠精神的核心

责任心是一种重要的人生态度和可贵的工匠精神。无论什么时代，都需要有高度责任心的人。一个人具有强烈的责任心，才能在工作中勇于负责，在每个环节中力求完美，保质保量完成计划任务。“工匠精神”要求对产品精雕细琢、精益求精，是对工作强烈的责任心和正确的思维方式。专心致志，才能匠心独运；认真负责，才能精益求精。真正的好厨师都是工匠，精心雕琢食物的味道，不断打磨烹饪工艺，对所出菜品追求完美和极致，享受食物在自己双手中升华的过程。

复杂的事情简单做，简单的事情重复做，重复的事情用心做。具有较高责任心的厨师并不满足于日复一日已经掌握的技艺，而是在每一次重复中对食材、细节、技法有日益精进的追求，让食材味道更加醇厚。只有心无旁骛、沉静如水的人，才能“板凳甘坐十年冷”，在承担责任的过程中不断追求卓越。是一代代的工匠善用勤劳的双手培厚技艺的土壤，在探索和奉献、突破和开创中，让美食文化得以传承发展。

二、工匠厨师的责任担当：思利及人

（一）加强对待自己的责任心

对自己负责，首先要明确自己的职业生涯规划，确定清晰的发展目标。对职业负责，一名厨师要心怀责任，踏实努力，兢兢业业，才有可能在平凡岗位上做出成绩。厨师有无责任心非常重要，不仅关系着百姓的食品安全，还关系着菜品的传承发扬光大。拥有工匠精神的厨师，一定要有责任心，守住寂寞，承担责任，在刀工、技巧、火候中磨炼自己。一方面要在厨房里磨砺自己的技艺，另一方面要走出去增广见闻，能够融会贯通，守住责任，把职业内涵发扬光大。

（二）加强对待工作的责任心

任何行业的从业者都必须具备基本的职业道德，包括爱岗敬业、团结协作、诚信守诺、认真学习、忠于职守等职业素养。厨师不仅是一份工作，更应是一项事业，要发自内心地热爱，勤于学习和琢磨，要多吃多看多记，观察提炼总结。想要做一名好的厨师需要拥有勤劳和智慧去进行永无止境的钻研，提升自己的烹饪技艺，提升菜品的品质，为顾客提供更好的美食体验。

（三）加强对待他人的责任心

做到心中有他人，对他人负责。领导要做到对员工负责，对合伙人负责，对生意伙伴负责，对自己的企业负责；员工要做到对同事负责，对领导负责，对企业负责。无论是一名刚刚进入厨房的小工，希望提升自己的专业技能，为未来事业发展夯实基础；还是一名经验丰富的大厨，希望带领团队有更高效更卓越的业绩，都需要具有很强的团队意识。团队才是成功的基础，每一位厨师在工作中能够记住自己的使命，在内心深处认同团队的愿景、使命和价值观，为能够使团队更加强大和高效，而乐于分享自己的经验和资源，能够接受工作并及时做出反馈。一个正能量的团队，必定是卓越和高效的。对他人负责，也是对自己负责，成就他人同时也是提升自己。

（四）加强对待社会的责任心

匠人之所以成为匠人，除了技艺高超，必定还有对于社会责任的坚守。一名厨师，不仅要分享美食，还要承担责任，在社会需要你的时候，厨师更应该体现自己的价值。在烹饪菜品之外，还承担着传承美食文化和烹饪技艺的责任，为食客提供安全、卫生、健康菜品的责任，倡导绿色餐

饮,减少环境污染和拒食珍稀动植物的责任等。

总之,工匠型厨师应该在工作岗位上,日复一日,踏踏实实,把菜品当成作品,把工作当成艺术,用责任心诠释工匠精神。

实践探究

在一期《舌尖上的中国》节目中,一碗胶东摔面火遍了全国。“一碗面,养一方人。”胶东摔面历经三百年的沧桑,可以说既是一种地方小吃,又是一种独特的地域文化。面馆老板孙竹青一直铭记师傅传承技艺时的叮嘱:“做一个正直的人,做一碗有良心的面”。摔面是体力活儿,需要通过反复的摔打赋予面条以筋骨,他用以柔克刚的摔面技法,摔了整整20年。从面粉到手工,从骨汤到佐料,都坚持用新鲜、实在的食材,坚持做一碗良心的面。骨汤首先做到是真骨汤,而且坚持每天都换新鲜的大骨熬汤,但是这么做,并不一定符合人们的口味,竟然也不被人们理解。有人说他傻,有人说他根本不了解人们的重口味……他的背后是一家人的生计与漂泊,虽然面的销量不佳,但是他依然坚持面条中不加添加剂,他说宁可亏钱也不亏心,他用自己的坚持让面条有了筋骨,也让自己有了筋骨。一碗面,不只是面,它是民族价值的传承,是文化的延续,是人格筋骨的坚守。平凡的小厨师孙竹青将摔面“摔”进《舌尖上的中国》。

匠心独运

任务要求建议:

1. 在孙竹青的身上,你有没有看到匠人的责任心?请阐明理由。

2. 结合自己专业,思考如何做有责任心的员工。

形式建议:内容展示(电子演示文稿)、思维导图、手抄报等。

活动收获

我的同伴

我的对手

我的老师

我对自己

评价内容	评价标准	评价(分值:20分)
内容	紧贴主题,内容合理、实际	
观点	观点明确,理论与事例结合得好	
表达	语言文字流畅,重点突出	
亮点		
建议		

学以致用

一、活动主题

认真履职,体悟匠心。

二、活动内容

(1) 学生以小组为单位,结合自己的专业,思考专业岗位职责有哪些及如何做有责任心的员工。

(2) 演讲比赛:以寻找“最美的守责人”为主题,开展一次演讲比赛。

关于责任心的名言

在线答题

三、活动目标

(1) 进一步了解和体会自己专业的岗位职责、思考如何履职,做有责任心的员工。

(2) 锻炼逻辑表达、理性分析、客观评价的能力。

四、活动评价

(1) 学生互评:学生从演讲内容、演讲技巧、演讲效果等方面进行评价。

(2) 教师评价:教师综合学生评价的情况,进行复评,评选出优秀演讲者。

五、结果呈现

请各组派代表讲述个人学习情况与体会。 (张瑜)

第三课时

求精益　修品德

重难点提示

学习任务

在崇尚工匠精神的时代，作为职业厨师需要精益求精的精神，用来修养自己的品德。通过阅读名师优秀事例和做法，探究身边的具有精益求精精神的典型事例，在学习中了解精益求精的内涵、意义，能够在学习和生活中坚持精益求精的品格，培育精益求精的工匠精神。

学习目标

(1) 了解工匠精神精益心的内涵。

(2) 用事例说明具有精益心对于培育工匠精神的意义。

(3) 在学习和生活中树立精益求精的品格。

案例引导

2017 年 6 月，第 44 届世界技能大赛烹饪项目中国选拔赛在上海举行，这项被誉为技能界奥林匹克的盛会邀请了国内 9 位顶级厨师担任评委，致力于中餐文化研究的邹志平就是裁判组的一员。这位"荆楚工匠"获得者的事迹可谓是享誉大江南北。

1989 年，初中毕业的邹志平就只身来到武昌的一家小餐馆打工，开始了从厨之路。虽然年纪小，又没有厨艺基础，但是邹志平资质聪慧，勤奋好学，师傅们很是喜欢。功夫不负有心人，邹志平的勤奋与才华得到了著名的鄂菜大师汪建国的赏识，而后又幸运地拜中华十大名厨卢永良为师，受其真传，成为武昌鱼第四代传承人。

提到邹志平，就不得不提他的家乡，素有"千湖之省"美誉的湖北省。作为土生土长的湖北人，邹志平从小就是在湖边长大的。这里的莲藕因历史久、种植广、产量高、品质优而声名远播。无藕不成席，就成了一种荆楚餐饮习俗。从 2013 年起，邹志平辗转嘉鱼珍湖、浠水巴河等省内各大莲藕主产地考察学习，为了寻觅到家乡纯正的味道，邹志平喜欢带着新鲜的莲藕走村串巷，到农户家里，跟着当地的老乡，学做地道的莲藕菜。为了追求极致的味道，邹志平按莲藕生长过程、质地变化琢磨出了炒、煨、蒸、炸等多种烹制技法，成功出版了《中国莲藕菜》一书，全书由 80 多道传统及创新莲藕菜品组成，体现了荆楚特色与中国味道的完美结合。

"工匠精神就是要不厌其烦，用一生做好一道菜，把一道菜做到极致。"邹志平大师如是说，

而正是这种精益求精的不断钻研精神成就一代鄂菜大师的精彩人生。

议一议

结合邹志平大师的事迹，说说你是如何理解精益求精的工匠精神的。

知识积累

工匠精神是指匠人对自己的产品精雕细琢的精神理念，其内涵是精益求精、注重细节、严谨专注、极致专一。企业要生产出高品质的产品，就离不开员工精益求精的工匠精神。具有工匠精神的员工，才能在企业长期的竞争中获得成功。

不断雕琢自己产品的细节，不断改善自己工艺的程序，对于细节则要求很高，对于产品则追求极致，享受产品不断完美不断升华的过程，这才是"工匠精神"的具体体现。当代的职业厨师，每天都要坚守在岗位上兢兢业业地工作，踏踏实实地烹饪。正是他们这种精益求精的"工匠精神"，才使博大精深的中华饮食文化享誉世界。

一、工匠厨师的精益心：精益求精

(一)精益求精是工匠精神的主要内涵

"精益求精是工匠精神最为称赞之处，具备工匠精神的人，对工艺品质有着不懈追求，以严谨的态度，规范地完成好每一道工艺，小到一支钢笔、大到一架飞机，每一个零件、每一道工序、每一次组装。"

职业厨师的工匠精神又体现在对一道道菜品的精雕细琢上，体现在对每一种食材的精挑细选上，体现在每一道菜品的严格工序上，一道工序都不能省，否则菜品就达不到专业品质的要求。与此同时，顾客的口味也在不断发生变化，厨师做菜也必须顺应此变化，不断创新，所以必须精益求精、追求极致。

(二)精益求精是培养和践行工匠精神的必备品德

追求精益求精是践行工匠精神的必备品德。"取乎其上，得乎其中；取乎其中，得乎其下。"标准定得高与低、严与松直接关系到工作最后结果的好与坏、成与败。职业厨师必须具备良好的厨德，只有这样才能使一个厨师在行业中立足并有所建树。

作为职业厨师，在烹制菜肴的过程中绝不能为了片面地追求快速而忽略烹调方式和品质，而是要更加坚持高标准、严要求，将菜品做出境界、做成精品。只有经过自己的认真执着将菜品做到极致，使得顾客满意才能显出自己的价值，如果只是图快进行的烹饪，那就颠覆了作为一名厨师的真正意义。因此，作为一名厨师必须具有精益求精的工匠精神，这是成为一名优秀厨师的必备品德。

二、工匠厨师的精益品质：止于至善

工作熟练无误，仅以为“工”，而未成“匠”；由表及里，精益求精，乃为“工匠”。要成为一个“工匠”，就要把满腔的工作热忱投入到平凡的岗位工作当中去，要在工作中通过不断学习、不断成长来实现自己的人生价值。只有这样才能做到精益求精、精雕细琢、追求完美，才能在工作中践行工匠精神的真谛。

（一）观察细致入微

做事情要精益求精，就必须培养自己的观察能力，只有具备极致的观察能力，才能让我们在工作的时候更加细心。作为一名职业厨师必须具备细致的观察能力，时刻都要细心观察，学习名厨和身边优秀厨师的操作手法和操作技巧，把它们铭记于心，并通过不断的练习转化成自己的知识和技巧，内化于心。善于观察的厨师才能够进步神速，具有精益求精的工匠精神。

（二）磨炼自身技能

做事情要追求精益求精，就必须不断地磨炼自身技能，只有具备过硬的专业本领，才能更好地完成本职工作。世上没有一步登天的捷径，唯有经过千锤百炼的专业技能和专业素养，才能担得起一个又一个的重任。作为职业厨师，唯有扎实的技能才能不断提升自身的能力，加上有一颗坚持的心、有一份坚持的信念和坚持不懈的付出，才能成就精益求精的工匠精神。

（三）注重自身效率

做事情要追求精益求精，就必须注重效率，二者并不是完全对立的，我们要在精益中提效率，在效率中抓精益。作为一个有技艺传承的职业厨师，缺乏质量就缺少了厨师之魂，菜品就有形无神；同时作为餐饮行业，服务也非常重要，如果迟迟不上菜，则影响顾客的用餐体验和好评度。因此，追求精益求精也要注重效率，统筹兼顾，做到又好又快。

（四）钻研专业理论

做事情要追求精益求精，就必须要充分明白其中的科学道理，只有掌握专业理论知识并且学精学透，才能将精益求精做到极致。作为职业厨师要想在自己的岗位上立足和有所发展，就要有上乘的厨艺和过硬的本领，这都是建立在扎实严谨的专业理论基础上的。厨师在菜肴的制作过程中，能够认认真真做好每一道菜，背后作为支撑的都是扎实的专业理论。

实践探究

《舌尖上的中国》第二季中第二集的主题是心传。所谓心传，传的除了世代相传的手艺，还有厨师生存的信念以及流淌在血脉里的勤劳和坚守。这一集心传的“主人公”就是苏式糕点。苏式糕点是中国汉族糕点的重要流派，与古典园林一样都是苏州的标志。制作苏式糕点不是简单作

坊能够完成的，它工艺精密，品种浩繁，需要精美绝伦的手工和严密的传授体系才能完成。

制作苏式糕点，精细加工存在于每一个环节当中。糯米加水研磨，经过处理的糯米粉，质地更加均匀细腻，水磨糯米粉和粳米粉，按不同的比例混合，可创造多变的口感，这是制作苏式糕点的基本功。糕点厨师是运用各种兵器的行家，应季而变的馅料取天然色香，夏秋薄荷，冬春玫瑰，中国的厨房处理米面点心的工种称为白案，精巧的手工是厨师行走白案江湖的根本。

白案厨师讲究传承，大都是以师徒的形式。白案师傅吕杰民收了20个徒弟，也并非人人都能得到真传。他的徒弟阿苗，今年刚满20岁，跟随父母来到苏州学艺，面对严厉的师傅，她每天反复练习三角团，反复掂量着用料和比例，力求做到像师傅一般的精益求精，最后终于得到师傅的认可。第一次，她的手艺可以上桌，这小小的成就感激励着这个年轻的女孩，每天收工后，只要有剩余的食材，阿苗就会留下继续练习，力求做到极致。

在白案江湖行走多年，吕杰民身怀一门绝技。他说："我们苏州的船点，必须要有馅心。一般植物的我们加豆沙、莲蓉，动物的我们加肉类的馅心。"将带馅的糕团，制作成惟妙惟肖的动植物造型，从塑造汉字到塑造糕团，"象形"一直是中国人的独门心传。这种别具一格的糕点，已经不是单纯的食物，而是更高层次的、对生活情趣的审美。

吕杰民师傅要传授给徒弟们的还有很多，关于中华饮食文化的博大精深，阿苗则还有很多东西要学，还有很长的路要走。

匠心独运

任务要求建议：

1. 材料中吕杰民心传的精髓是什么？
2. 该事例对我们以后工作有什么启示？
3. 请你分享一个自己在学习中精益求精的小故事。

形式建议：内容展示（电子演示文稿），自由演讲，手抄报等。

活动收获

我的同伴

我的对手

我的老师

我对自己

评价内容	评价标准	评价(分值:20分)
内容	紧贴主题,内容合理、实际	
观点	观点明确,理论与事例结合得好	
表达	语言文字流畅,重点突出	
亮点		
建议		

学以致用

一、活动主题

我精益,我进步,我骄傲。

在线答题

二、活动内容

(1) 以小组为单位,每个人把发生在自己身上或身边的,有关于精益求精的小故事进行归纳和整理,并说明这些小故事是怎样培养了自己的品格或者影响了自身发展的。

(2) 以“精益求精助力厨师成长”为主题进行演讲稿的撰写,并保留所有文字、图片等资料。

(3) 组内进行演讲或者表演性电子演示文稿展示。

三、活动目标

(1) 了解和体会精益求精的精神在成长为工匠过程中的重要意义。

(2) 增强小组内部组员的了解,锻炼个人的沟通交流、语言表达等能力。

四、活动过程

(1) 组员写好自己的演讲稿,总结自己。

(2) 组内进行简短的小组内演讲和演示。

(3) 组内进行评价,评出小组最佳演讲或者演示,进行全班展示。

五、结果呈现

以演讲方式或者电子演示文稿汇报等方式进行班级内分享交流。

(韩柳)

第四课时

重踏实　尊要义

重难点提示

学习任务

当今社会人们在物质上得到了极大的满足，为了避免心浮气躁，更加崇尚脚踏实地的工匠精神。通过阅读名师优秀事例和身边典型事例，在探究与学习中了解工匠精神踏实心的内涵、意义，在学习和生活中能够做到脚踏实地、一步一个脚印，培育踏实肯干的工匠精神。

学习目标

（1）了解工匠精神踏实心的内涵。

（2）用事例说明具有踏实心对成为工匠厨师的重要意义。

（3）在学习和生活中树立踏实肯干、吃苦耐劳的精神品格。

案例引导

谈到国宾宴，上海滩上有一位女总厨不得不提，她就是上海市技师协会副会长、上海新锦江大酒店副总经理兼行政总厨的严惠琴女士。严惠琴从事烹饪工作的四十余年间，接待过数百位国家元首和行政首脑，承接了数百次高规格的国宾宴请。

“我走遍了各国高规格的酒店，这样技术高超的女总厨我是第一次遇见!”1997 年时任法国总统的希拉克一句盛赞也是许多世界政要首脑对严惠琴大师的肯定。

严惠琴师从国家烹饪权威——萧良初先生，一位曾为周总理、邓小平、叶剑英等老一辈国家领导人烹饪菜肴的国宝级厨师。一开始，萧良初并没有打算收这个女学徒，对于女性而言，做“红案”厨师，吃的苦要比男性多很多。当年的厨房里没有空调，温度少说也有四十几摄氏度。夏天烧菜，连续两三个小时站在火炉前，热姑且不说，还要不停地翻炒，体力上的消耗不容小觑。但严惠琴没有放弃。

严惠琴决心以勤劳、踏实、肯干的实际行动以及女性特有的细腻来证明一切。她跟在萧师傅身后抢着干杂活，擦桌子、扫地、拖地、刷锅子，一样不落。每次抢着帮师傅刷滚烫的锅子，手一伸进去，就会被烫起一手泡，她从不吭一声，立即把手往冰水、老碱水里浸，等疼痛得到缓解，又忙开了；萧师傅是广东人，爱好喝茶，她就每天斟上一杯茶。她的一片诚心感动了师傅，三年的学徒期满后，萧师傅破格让严惠琴学习烧菜。

1988 年，新锦江大酒店成立，在“老锦江”工作了十余年的严惠琴被调到“新锦江”做总厨，这给了她一个展现自我的舞台，凭着吃苦耐劳、踏实肯干、顽强拼搏的精神，她广采博览，大胆尝试，“中”西南北，共冶一炉。展示西菜中做、中菜西做的最佳平台，正是很多厨师梦想了一辈子的“国宾宴”。

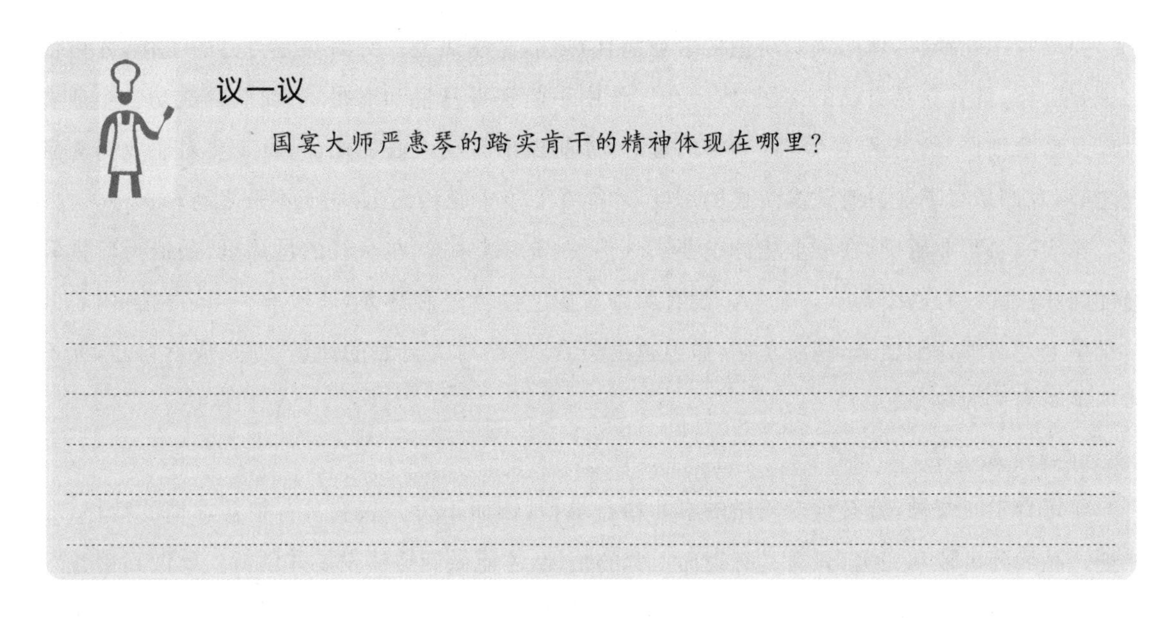

议一议

国宴大师严惠琴的踏实肯干的精神体现在哪里？

知识积累

工匠精神的本质就是追求极致精益求精的精神，要专业、专注、执着。所以，践行工匠精神就需要脚踏实地、一丝不苟、极致严谨的态度，而具备这种精神的职业人，才能被称为工匠。作为一名职业厨师，不仅需要追求精益求精的技艺，更需要追求严谨踏实的工作作风，脚踏实地的工作态度，才能做好中华厨艺传承者和中华饮食文化的弘扬者。

一、工匠厨师的踏实心：脚踏实地

（一）脚踏实地是工匠精神的重要内涵

踏实，是指切实，不浮躁；也指工作踏实，踏实肯干。其出自《歧路灯》：“我前日偶见孔耘轩中副榜朱卷，倒也踏实，终不免填砌，所以不能前列也。”

具有踏实心其实就是要求对工作脚踏实地、一丝不苟。作为一名职业厨师，必须具备踏实心，不能弄虚作假、敷衍了事。每一道菜品都须经过严格的工序和流程，少任何一道工序，或者打乱任何流程的顺序，菜品就达不到品质的要求，所以做一名厨师必须脚踏实地，一步一个脚印。

（二）脚踏实地是践行工匠精神的第一要义

不注重细节的人，永远也不会把事情做到极致完美，不注重细节的企业，永远也生产不出品质卓尔不群的产品。所以说细节决定成败，任何人要做好一件事情，就要从细节入手，从小处着眼，而这些必然需要脚踏实地的工作态度。而要做到尽善尽美、注重细节，最重要的就是要有严谨踏实的工作作风。

在坚守职业的过程中，如果心态不好，就很容易浮躁。近些年来，行业里的诱惑太多，许多人

Note

经不起这样的诱惑，这山看着那山高，跳来跳去，结果一事无成。这就需要踏实严谨的工作作风，不忘初心，淡然前行，摒弃浮躁，莫问前程。

二、工匠厨师的踏实品质：勤勤恳恳

（一）满怀热忱，充满热爱

要培育工匠精神，就必须对所做的事业满怀热忱，充满热爱。只有热爱自己的工作，才可潜心做好工作；只有立足自己的本职，才会在工作中不断获得喜悦和满足，进而获得成功。企业要对产品精雕细作，给产品注入工匠精神的理念，才能做出打动人心的产品；员工要对职业树立敬畏之心，对产品对事业具有认真负责的态度，才能在竞争中脱颖而出、立于不败之地。

作为一名职业厨师，在职业生涯中要满怀热忱，充满热爱。在烹饪的世界里，最值得珍视和慢慢回味的就只有两个字——匠心。没有厨师对厨艺的喜爱和热爱，就没有一道道出自内心的美食呈上。厨师仔细甄选，精心烹制，做出道道美食，亦是对大自然的回馈，亦是成就自己，无不体现了对厨艺的热爱。

（二）精益求精，锲而不舍

要培育工匠精神，就必须对所做的事业精益求精、锲而不舍。只有具有精益求精的精神，才能把产品做到极致和完美；只有具有锲而不舍的精神，才能做到持续发展并创新。要做到精益求精需要专心，就是做任何事情都要心无旁骛、排除外界一切干扰，只有这样才能够关注当下，达到忘我的状态。专心就能带来专注，专注方可做到专业，才有可能做到精益求精。

作为一名职业厨师，在职业生涯中要精益求精，锲而不舍。当今社会物欲横流，各行各业都面临着各种各样的挑战，自然也就面临着很多的诱惑。要有锲而不舍的精神、坚持到底的干劲、埋头苦干的恒心，才能在行业内有所建树，成为一名合格的职业厨师，为中华美食事业贡献自己的力量。

（三）艰苦奋斗，踏实肯干

要培育工匠精神，就必须对所做的事业艰苦奋斗，踏实肯干。艰苦奋斗是人生的力量源泉。如果把人生看成是一次次闯关活动，那么“艰苦奋斗”就是促使我们不断勇往直前、顽强拼搏，最终能够取得胜利的强劲动力。这股源源不断的动力终将成就我们的卓越人生，让我们勇敢地跨越坎坷走到生命的尽头，这恰恰体现了工匠精神的内涵。

作为一名职业厨师，在职业生涯中要艰苦奋斗，踏实肯干。众所周知，厨师并不是一个轻松的职业，尤其是要成为一名优秀的厨师更不是一朝一夕的，想在竞争激烈的行业里脱颖而出靠的就是坚韧不拔的毅力、艰苦奋斗的精神以及踏实肯干的作风。不断地鞭策自己，一步一个脚印，才能到达成功的彼岸。

实践探究

许多人知道王志强大师，是从他的“面果儿”开始的。在《舌尖上的中国 3》中，形象栩栩如生的中式面点“面果儿”，让全国的观众大开了眼界。也因此，“王志强”这个名字，在人们的心中植下了深深的印象。王老用三个词语概括自己的人生：踏实做人、钻研技术、培养后辈。

王志强16岁参加工作，到如今68岁，五十多年的时间里，他就只做了一件事：面点。1964年，他进入北京前门饭店，那会儿，国宴都是八大饭店的人做的，请谁去做，论的是手艺。入行之后的王志强，先跟着师父李德才练了几年的“五皮”：包子、饺子、烧卖、春卷、馄饨。从最简单的包子皮开始，包了一年，才开始学馄饨、饺子。到春卷的时候，已经五年了。“如果包子捏不出漂亮的立褶，褶子不足28层，手艺就是没有过关。”王志强说。

春卷的皮最难。一斤面七两水，和好的面非常稀，放在饼铛上要很快抓起来，靠的是左右手配合，眼睛看火候。可是王志强总在练，却怎么也抓不起，直到有一天师傅过去看了一下，直接把他的手按在了滚烫的饼铛上，吓得他猛的一抓跳开，没想到的是，这次抓出来的春卷皮火候刚刚好。王志强突然明白，越是害怕，越做不好事情，学手艺，贵在踏实。

王志强并不满足于传统糕点，他更喜欢在传统的基础上进行新的创作，每次创作都精益求精、力求形象，该托该顶，都要绞尽脑汁来实现。他所做的“面果儿”形神具备、口感尚佳，震惊中外。

如今退休的王志强，舍不得闲下来，门下有二十余位弟子，便努力培养后辈，一定要让面点手艺发扬光大。

匠心独运

任务要求建议：

1. 材料中王志强的人生信条是什么？做好事情的秘诀是什么？

2. 该事例对我们的以后学习工作有什么启示？

3. 列举一个在餐饮领域以踏实认真著称的个人或者企业，说说其事迹。

形式建议：案例分享(辩论)，手抄报等形式。

活动收获

我的同伴

我的对手

我的老师

我对自己

评价内容	评价标准	评价(分值:20分)
内容	紧贴主题,内容合理、实际	
观点	观点明确,理论与事例结合得好	
表达	语言文字流畅,重点突出	
亮点		
建议		

学以致用

要做一个简单的人,踏实而务实

在线答题

一、活动主题

讲述咱们老师的故事——身边榜样的力量。

二、活动内容

(1) 小组合作,采访自己的专业课老师,请他讲一讲自己的职业或者从教生涯中关于"踏实心"的小故事。

(2) 以"踏实认真铸就工匠厨师"为主题设计访谈提纲,进行采访,并保留文字、图片、音频、视频等相关资料。

(3) 运用上述采访资料,模拟一个记者采访活动。

三、活动目标

(1) 了解和体会思维细腻、脚踏实地在成长为工匠过程中的重要意义。

(2) 锻炼提高组员分工协作、沟通交流、语言表达等能力。

四、活动过程

(1) 明确任务内容,合理分工。

(2) 与采访对象沟通,说明目的,确定时间、地点。

(3) 分工搜集重要资料,整理并设计模拟采访展示。

五、结果呈现

通过制作短片、小组演讲和角色表演等多种方式对访谈内容进行班级内的分享交流。

(韩柳)

第五课时

善进取　有建树

重难点提示

学习任务

人们的进取心推动着社会的发展和进步。要想做一名出色的厨师，就要知晓厨师进取心的基本内涵；就要具备优秀出色的身心素质，积极向上的昂扬状态，平常谦和的品格修养；就要力行正道，耐心、专注、坚持、进取、执着前行，就要多看、多学、多思、多问、多记、多做，方能铸造匠心品牌。

学习目标

（1）知晓厨师进取心基本内涵。

（2）培养厨师尊重前辈、平常谦和、积极向上的心态。

（3）认同厨师必须具备积极进取的工作态度和工作意识。

案例引导

鲁菜作为中国传统的四大菜系之首，是历史最悠久、技法最丰富、难度最大、最见功力的菜系。屈浩作为中国非物质文化遗产——鲁菜的继承人，可谓是身负重任。屈浩精通多项厨艺，凉菜、热菜、面塑、食品雕刻信手拈来，在国际、国内大赛中屡拿第一，为国争光，受到了许多人发自内心的尊敬。

屈浩在厨师这一行享有盛誉，无论是厨艺还是做人做事上口碑都是极好的，所以有不少慕名而来的厨师前来拜师学艺。而屈浩自己的师傅则是国宝级烹饪大师王义均老先生。每每提起恩师，屈浩都是怀着深深的感激之情。王义均老先生虽没受到高等教育，但从他骨子里透着为人要和善、待人要真诚的处世态度。老先生的言传身教直接影响了这些弟子们，再由屈浩等人传承给下一代弟子。

在屈浩三十七年的厨师生涯里，从来都没有停止过学习。不管是在国外的十年里，还是在国内的二十几年里，他经常与世界级大厨一起学习交流，他得出了一个结论：所有成功的大师都是技艺高超、品德高尚、不断学习之人。人若想朝着前方迈进，就必须一直学习，不断学习，因为学习是永无止境的。屈浩研发出的中和新国菜，在继承了中华八大菜系传统基础上，实现了前所未有的古今中外大融合、大创新。除了自身的技艺，还要拥有文化底蕴、做人做事的智慧，才能成为一代大师。

议一议

对于厨师而言，屈浩大师的进取心主要体现在哪些方面？

知识积累

进取心是指一个人不满足于现状，坚持不懈地向新的目标追求的蓬勃向上的心理状态。人们的进取心推动着社会的发展和进步。一位具有进取心的厨师，他会为自己制定较高的职业生涯目标，并且期盼在自己的领域获得成功，积极面对挑战。若想成为一名优秀的厨师，就要力行正道，耐心、专注、坚持、进取、执着前行，就要多看、多学、多思、多问、多记、多做，方能铸造匠心品牌。

一、进取型厨师的基本要求

进取型厨师不但需要具备优良的身体素质，还需要具备良好的心理素质。厨师队伍身心素质建设全面代表了整个餐饮行业积极向上的气魄，是主流，是灵魂。

（一）厨师必须具有健康的身体

厨师的工作属于服务业，厨师具有健康的身体、强壮的体魄，也象征着餐饮行业的欣欣向荣。厨师是一种强度很高的体力劳动，没有健康的身体是承受不了厨师这份高强度的工作的。无论是临灶烹调，还是加工切配，都需要付出极大的体力。更何况，厨师们都是做在客人前，吃在客人后，如果顾客再多一些，厨师们甚至一整天都吃不上一顿饭。

（二）厨师必须具有健康的心理

随着人们生活水平的提高，现在我们一提到厨师，映入眼帘的不再是当年那副“目不识丁、满脸黑灰、满身油污”的厨子形象，而是能文能武、气质高雅的美食家，是饮食文化的创造者和传播者，是促进社会经济、人类文明进步的生力军。厨师一旦进入厨房工作，就会进入一种高度紧张的状态，这就要求厨师具有敏捷的思维、熟练的动作和充沛的精力。特别是业务量大的时候，就像指挥百万大军那样镇静自若。除此之外，由于厨师还要经常接受油烟熏烤、炉前高温，这就要求厨师还要具有较强的耐受力，就是既要“饱得、饿得”，还要“热得、冷得”。做一名优秀的厨师真是不容易。

二、进取型厨师必须具备的修为

（一）具备积极向上的昂扬状态

进取型厨师做事时刻都会保持一种积极向上的昂扬状态，做事积极主动。一个人只要能发挥自己的主观能动性，认真踏实地做好眼前的一切，在职业生涯中也会有良好的发展。没有人会喜欢被动做事、永远被别人牵着鼻子走的人。进取型厨师主要从以下几个方面采取积极行动。

1. 从“要我做”到“我要做” 厨师每天也在扮演着不同的角色，身上有各种标签，家长、爱人、孩子、下属、领导等，每天在不同角色的场景下，都可能会遇到“要我做”的事情。一些“要我做”的事情自己内心抗拒，不想做，于是拖延到最后一刻，草草应付完事。完成质量如何，结果可想而知。而作为进取型的厨师将学会辨别，把“要我做”拖延也无济于事的事情，转变成为“我要做”，全力以赴想着如何做好，便会主动分担一些事。同样是这三个字，顺序调整一下，心态调整一下，完成的工作质量差异可能连自己都觉得吃惊。

2. 要敢于“毛遂自荐” 成语“毛遂自荐”说的是秦兵攻打赵国，平原君奉命到楚国求救，毛遂自动请求跟着去。到了楚国，平原君跟楚王谈了一上午没有结果。毛遂挺身而出，陈述利害，楚王才答应派春申君带兵去救赵国。后用“毛遂自荐”来比喻自己推荐自己。作为一名进取型厨师，要敢于挑战自我，未雨绸缪，面对挑战、勇于承担，不但要勇于承担分内工作，还要积极分担团队的重大任务。

3. 要用高标准严格要求自己 不论是个人还是企业，不论是职场还是市场，进取型厨师都希望自己未来的职业发展大有前途，谁都不希望自己被淘汰。为此，就一定要严格要求自己。首先，不要总生气，而要争气，因为生气解决不了问题；其次，要以空杯心态去学习、去提升，这样心思才会真正沉下来；再次，不要把自己的一点儿经验重复用上十年二十年，一定要不断地让自己“充电”“增高”；最后，领导要求一步，自己要做到三步。领导没有提到的，也要自觉执行，努力做到高标准，更不要急着出风头，去抢不属于自己的工作。“枪打出头鸟”，老祖宗的话还是管用。

（二）具备平常谦和的品格修养

作为一名厨师，更应该具备平常谦和的品格修养，才能永葆一颗进取之心。不能因为自己曾经做了几年厨师，见过一些世面，就目无他人，甚至瞧不起自己的师傅。作为一名厨师，有自信、有个性固然好，但如果取得了一点儿成绩就骄傲自满，只能给自己的职业生涯设置绊脚石，也必然会一败涂地。作为一名进取型厨师要怎么做呢？

1. 尊重自己的前辈 烹饪水平的提高，提升人们的饮食质量，而烹饪同行的共同努力，又促使烹饪水平得以不断提升。厨师们的技艺都是厨师前辈们厨艺经验的累积，烹饪菜品的原形都是厨师前辈们创造遗留下来的，所以我们一定要学习前辈，尊重前辈，处理好和同行的关系。厨师们要积极借鉴前辈们的技能经验，并和同行相互勉励、相互帮助，才能推动整个餐饮行业的飞速发展。

2. 加强自身的学习 幸运阁粤菜餐厅厨师长张锦东曾经说过，“不能给自己懒惰的机会。”一次，一位会员点了一种他没做过的牛排，他揣摩着做了呈给客人，客人觉得也可以但还是给了一些建议，而几日后这位会员又来餐厅用餐，他再次呈上的牛排令客人大赞完美。他并不知道几日

Note

后还会见到这位会员，他只是不允许自己有不完美的作品，连着几日测试了不同煎烤时间与方式，终于交出满意答卷。

尺有所短，寸有所长。虽然厨师的厨艺水平不一，但每位厨师都有他自己最擅长的方面，所以要多学习别人的优点，不仅可以增加彼此的感情，还可以提高自己的厨艺。这样，厨师们就可以在学习中进步，在交流中成长。

3. 修炼自己的心性　三人行，必有我师。修炼自己的心性就是要让自己时刻保持谦虚和耐心的心态。不管我们在进入厨师这一行以前混得有多么风生水起，但是只要进入厨师这一行业，就要一切从零做起，从头做起，脚踏实地，一步一个脚印。如果没有一个谦虚和耐心的心态，认为自己的餐饮技艺已经非常不错，不需要向前辈和同行们学习，也就没有动力去进行菜品创新，从而导致自己无法进步，进而被行业所淘汰。所以，要学习新的知识，就必须有一个空杯的谦虚归零的平常心和耐心。

实践探究

周末，厨师乔治正忙碌不堪时，服务生端进来一只盘子对他说，有位客人点了这道“油炸马铃薯”，抱怨太厚了，乔治听说后马上重新做了一份。几分钟后，服务生又端着盘子回来说，那人还是嫌太厚。乔治耐着性子将马铃薯切成更薄的片状，之后放入油锅里炸成诱人的金黄色，捞起放入盘子后，又撒了一些盐。没过多久，服务生再次端着空盘子回来了。服务生说，那客人满意极了，与他同桌的人也都说很好吃，他还要一份。就这样，薄薄的油炸马铃薯片成了乔治的招牌菜，后来也成了世界各地的人们都十分喜欢的一种休闲食品。

面对顾客一再的批评，厨师乔治不但具有超常的耐心，而且能够马上改正。他也因发明了薯片而被人们所铭记。

匠心独运

任务要求建议：

1. 上述材料体现了厨师的什么心理素质？

2. 乔治的成功经验对我们的工作有什么启示？

形式建议：角色扮演、辩论。

活动收获

我的同伴

我的对手

我的老师

我对自己

评价内容	评价标准	评价(分值:20 分)
内容选择	内容合理,紧贴实际	
观点呈现	理例结合、观点明确	
学习过程	积极主动,形式新颖、要点清晰	
语言表达	语言生动流畅,表述合理、准确	
时间掌控	时间控制合理	
亮点		
我的建议		

学以致用

一、活动主题

拓展活动:团队攀岩(会增强厨师的进取心)。

二、活动内容

参与人员须站立于地面,系好安全绳,保持良好的身体平衡状态,然后徒手攀登 5 米高的斜壁。需要队员具有良好的心理素质和坚韧不拔的进取精神,各小组用时最短者为胜者。

三、活动过程

(1) 以小组为单位,明确任务内容。主要培养参加者体验突破平凡和战胜自己的进取精神,

体会进取心在厨师职业生涯取得成功的过程中的重要作用。

(2) 小组成员分工明确合理。组内分工明确，成员各司其职，协作完成。组长需要统筹规划，并能鼓舞各位小组成员的士气，各成员要在组长的带领下，临危不乱、稳定沉着，抓住机会，完成目标。

(3) 每人写一份在拓展活动中如何战胜困难的心得，并在组内进行交流分享。

四、结果呈现

请各小组负责人用电子演示文稿来总结本组成员参与本次拓展活动的体会。

（曹凤杰）

第六课时

富创新　辟妙处

重难点提示

任务要求

创新型厨师需要与时俱进，就要具备善于经营的理念、特别精湛的技能、善于理财的技巧；创新型厨师需要推陈出新，就要巧用各种现有烹饪原料、改换烹调方法、研制推出新颖口味；创新型厨师需要另辟蹊径，就要改变原料质地、发现新的烹调方法烹制出新菜品，就要翻新变化装盘与盛器，不断适应餐饮业的发展和需要。

学习目标

（1）知晓厨师创新的基本内涵。

（2）在实训中有意识地培养自己与时俱进、另辟蹊径、推陈出新的工作意识。

（3）认同厨师工作需要不断进行菜品创新的观念。

案例引导

大董意境菜融情于意境，融味于生活，承载中国传统文化的诗词歌赋、传统绘画之美，是2017年上海米其林一星餐厅大董的创始人董振祥先生，用以诠释烹饪艺术的另一流派。

大董意境菜发展至今，已不下十年，十年间的意境创作诠释与大董先生云游国内外的采风经历息息相关，在访遍中国四大菜系地区后，也到法国、意大利、西班牙、美国、丹麦等地寻找美食灵感。某年三月，大董先生去到了云南的香格里拉，天气正清朗的时候，穿过林间，那深褐色的羊肚菌，正在晨光里尽情施展腰身。大董先生每一段云游四方的旅行，似乎都是在为他的烹饪埋下伏笔。“香格里拉羊肚菌”这道意境菜就是在时令最新鲜的灵感之下，仅依靠少许黄油去锁住羊肚菌的鲜味，用散落玉盘之中的黑色海盐调味，以松子、时蔬、鲜花点缀，这里的意境是穿行花丛，时而流连于朱红、橘黄、明绿的动态优美，还有羊肚菌最朴实珍贵的本质味道。

“一菜一诗句”是大董意境菜的独特体现。如“董氏烧海参”，将厚重浓香的葱香酱汁渗入海参中，醇香软糯，其味深入，而它体现的则是“横眉群山千秋雪，笑吟长空万里风”的画面，意境悠远；“千山鸟飞绝，万径人踪灭，孤舟蓑笠翁，独钓寒江雪”中描绘的江南景象，在江南糖醋小排中得到恰如其分的展现，石盘为底，糖醋小排为景，上空“雪花”弥漫，一幅美丽画卷跃然盘上。此外，龙虾汤伊面，让人想起“芳草芊绵，尚忆江南岸”；北京炸酱面，则有“度翠穿红来复去”的意境；

Note

鱼翅节瓜盅，那句“寂寞幽花，独殿小园嫩绿”诗句跃然纸上……每道菜旨在描绘的是诗中所呈现的景象，表达字里行间流露出的意境与情怀。大董意境菜为食客带来一种美的艺术感，让大家从日复一日简单的食物中解脱出来，而最重要的是有些时候它可以满足大家心灵的需要。

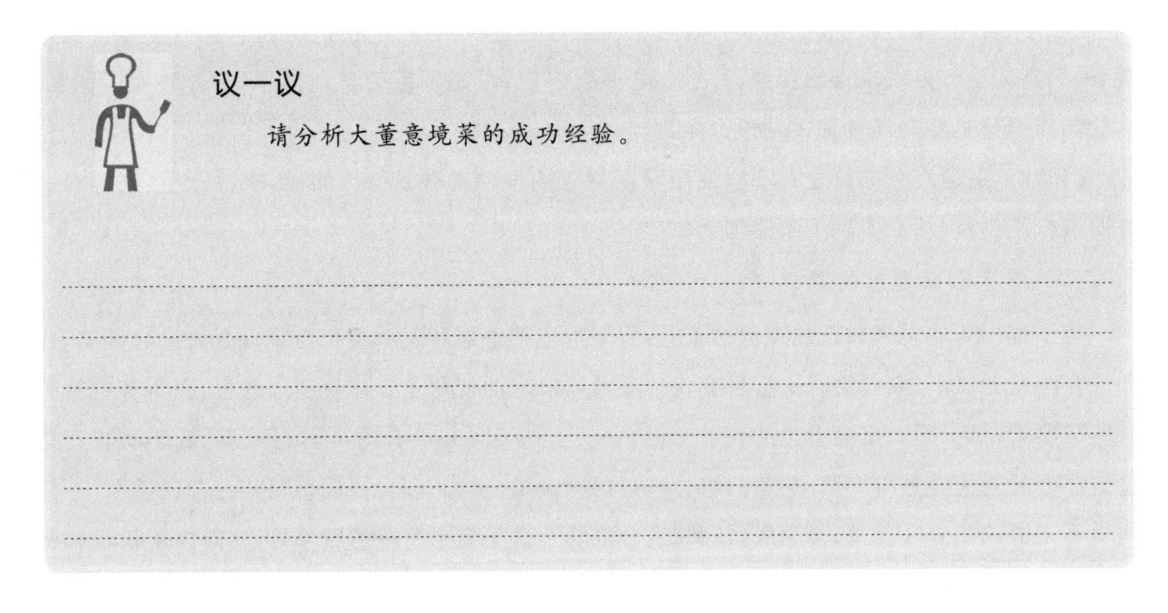

知识积累

创新是一个民族进步的灵魂，是一个国家兴旺发达的不竭动力。开放的中国向世界敞开着大门，也使中国的各行各业，包括餐饮行业，面临着来自国外同行业的挑战。中国的餐饮行业需要大量的善经营、懂技能、会管理、爱岗敬业的厨师，来共同弘扬和创新中国的餐饮文化。这样各个菜系才能补充自己菜系的不足，才能不断促进各大菜系发展和提高，才能不断满足中外顾客的需求。

一、厨师创新的核心：菜品创新

创新是与传统相对而言的，没有传统就没有创新。菜品创新是指厨师在生产实践中，将烹饪生产中的原料、刀工、配伍、烹调、器皿等各要素根据烹制要求进行新的组合来生产新的菜品的过程。随着人们生活水平的提高，人们对于菜肴的要求水平也越来越高。可以说，菜品创新已经成为餐饮行业发展的必然趋势，甚至决定着一家餐饮企业的生死存亡。具体来说，菜品创新包含以下几个方面的内涵。

（一）善于运用烹饪原料

烹饪原料是指人们通过烹饪工艺等活动可以制作出菜肴、点心、小吃等可食性原材料。一定要注意，烹饪原料具有可食性，对人体没有危害。相反，比如“三聚氰胺”是一种工业原料，放在牛奶中作为添加剂会让人患肾结石，那就是黑心商家的不法行为，要受到法律制裁。

随着社会的发展和时代的进步，一些新的烹饪原料不断涌现，可以带动一批创新菜品的出现。关于新的烹饪原料的发掘和使用，可以考虑“药材菜用”“土料洋用”“西料中用”和“一料多用”。拿新的烹饪原料的“药材菜用”来说，比如“蒲公英”是一种很普通的中草药，它就可以做成“凉拌蒲公英”“蒜蓉蒲公英”“蒲公英莼菜鸡丝汤”“酥炸蒲公英”“蒲公英猪肉饺子”“上汤牛肉蒲

公英”等等，来满足顾客的味蕾和营养需求。

(二)善于改变烹饪方法

为了使菜肴的色、香、味有所区别，我们可以把干煸系列用“煸”的技法加工成为菜肴，也可以把“炒”的菜肴用“爆”的技法加工成为菜肴。我们还可以在传统烹饪方法的基础上，融合中西技艺，采用新的烹饪方法来推出新菜肴。比如“咖喱牛肉饭”是一道美食，它起源于香料大国印度，它的制作原料主要有马铃薯、牛肋条、洋葱、椰奶、沙拉油、熟花生米、水、香米白饭、小豆蔻 、肉桂棒、月桂叶。这道美食的特色在于它使用印度特有的香料咖喱粉制作而成，中西合璧，在调味品方面进行了创新，从而实现了菜品创新。

(三)善于翻新盛器的花样

为了推出新的质感和新的视觉的菜肴，我们可以把盛器和菜肴组合与装盘方法进行调整，比如说在菜肴器皿上、菜肴组合上进行变化。菜肴器皿上的变化主要体现在用铁板、漆器和竹器等来盛装菜肴；对于同一桌宴会里的菜肴来说，器皿上的变化也会让客人耳目一新、心旷神怡。菜肴组合上的变化就是将冷菜、热菜的组合进行区别调整，比如“和食”“成肴”和“组合成肴”。有的同学不知道该如何区分“和食”“成肴”和“组合成肴”，这里有个简单的区分方法，即能用筷子和勺子取过来就可以食用的就是“和食”和“成肴”，需要客人或餐厅服务员将两种或两种以上食品取出组合起来方可食用的就是“组合成肴”。

二、厨师创新的妙解：推陈出新

(一)具备熟练的烹饪技能

一个厨师只有精通本菜系的烹调技术，并且旁通国内各主要菜系的烹调方法和技能，才能有效地进行菜品创新。无论是变化的川菜调味、精湛的淮扬菜刀工，还是广博的粤菜用料、精准的鲁菜火候，都需要厨师在刀工、烹调、火候、食雕、点缀等方面能够得心应手，这样才能指挥带动整个厨房内的各岗位厨师兢兢业业地工作，吸引更多更广的顾客，从而为酒店带来效益。

(二)大胆借鉴西方元素

虽然南国和北国，中餐和西餐各具特色，有所不同，但相互之间皆可借鉴，做到和而不同。近年来，麦当劳、肯德基的早餐出现了符合中国人饮食习惯的豆浆、油条、白米粥，午餐开始销售米饭了，出现了中西交融的趋势，也取得了不错的经济效益。我们在进行菜品创新时也可以大胆借鉴西方元素，将中餐和西餐结合起来，这样使菜肴既具有本乡之主味，又具有异国之别味，让菜品在传统的基础上又多了一些时尚的元素。我国拥有着博大精深的餐饮文化，并大胆融合西方元素，借着一带一路发展的良好形势，必将推动我国的餐饮文化不断走向世界。

(三)符合企业的经营理念

一个创新型厨师，他设计菜品的出发点必须要符合企业的经营特色。一个创新型厨师，他必须具备复杂多样、反应敏捷的经营策略，才能使所在酒店在竞争激烈的餐饮行业中站稳脚跟。一个创新型厨师，他一定会对餐饮行业的未来发展趋势了然于胸，他对该酒楼所在地的市场动态、消费规模都有着敏锐的观察力，他对餐饮行业的价值观念、创新意识和竞争规则也有相当的了解。一个创新型厨师，他也必须会精打细算、增收节支、开源节流，以节约酒店的成本。一个创新

型厨师，他还要制订出严密的成本控制措施和操作流程，在经营中加以执行，从而提高酒店在同行中的竞争力。一个创新型厨师，只有综合考虑了以上这些因素，他开发出的新菜品才能符合企业的经营特色，从而增加酒店收入。

实践探究

从餐具入手创新，把传统的火锅大锅换成一人一个的小锅，一人一锅的新型涮法，提高了就餐档次，最大可能地降低了成本，迎合了顾客心理，营造舒适的就餐氛围，可以说这是小锅制胜的原因。伴随传统的加炭大火锅已逐步退出了舞台，现在一人一个的小锅较受青睐。行业人士都知道的顺风肥牛火锅，就是靠独创的"小锅"概念把连锁店开到了 80 家。随之跟风的也有很多，也因此举深受欢迎。锅变小了，市场更加火了。这是为什么呢？

小锅卫生。顺风肥牛是最早把小锅模式引入山东市场的火锅店。炉具上突破了使用木炭作燃料的局限性，最早是采用酒精，客人就餐时火苗恰到好处地微微燃烧着，一直到吃完都没问题。现在更先进了，直接把微型电磁炉安置在桌子上，动动开关就可以了。桌子上看不见炉子，操作更加方便。火锅燃料从木头，到木炭，到酒精，最后发展到电。享受美食而不必再受烟熏火燎的困扰，火锅变得更加清洁与惬意。

小锅省钱。使用小锅比大锅成本相对较低。原因在于，几乎没有顾客在吃饱的情况下，还让自己面前的小锅在沸煮。而使用大锅时，因顾客边喝酒边就餐，顾客离开前的锅底一直处于沸煮状态。

提升档次。火锅一直给顾客的感觉是低档次，消费低，吃法粗犷，过瘾时可光脊梁吃个酣畅淋漓。顺风肥牛的老板意识到这个问题，面对着大烟大火的大火锅，开始了挑剔的思考：有没有更加清洁，更加舒适，更加健康，更能提升火锅档次的就餐方式呢？让美食与优雅完美地结合。顺风肥牛可以称得上是使用"小锅革命"的先觉者。他们把大锅换成小锅，每个顾客守着一个小锅，自己动手，充满了体验的乐趣，吸引力大。

今后以肥牛为代表的火锅又将如何创新呢？把汤料变出更多的口味和配方来，增加养生、去火的功效？还是涮烤结合，火锅与酒吧结合，火锅与海鲜结合，火锅店的高档化，火锅与传统餐饮的结合？我们拭目以待。

匠心独运

任务要求建议：

1. 上述材料体现了什么理念？

2. 顺风肥牛火锅的成功经验是什么？可采用角色扮演或者辩论的方式来进行。

形式建议：角色扮演、辩论。

活动收获

我的同伴

我的对手

我的老师

我对自己

评价内容	评价标准	评价(分值:20分)
内容选择	内容合理,紧贴实际	
观点呈现	理例结合、观点明确	
学习过程	积极主动,形式新颖、要点清晰	
语言表达	语言生动流畅,表述合理、准确	
时间掌控	时间控制合理	
亮点		
我的建议		

Note

学以致用

一、活动主题

菜品比比拼——比比谁的菜品创新更精彩。

二、活动内容

以小组为单位，走近社区食堂，为社区的老年人准备一道菜肴，由养老机构的工作人员来担任评委。

厨师创新菜品的五个注意

三、活动目标

体会创新在职业生涯发展中的重要作用。

四、活动过程

(1) 将参赛人员分成三组，抽签决定每组成员做的菜品。

每组成员是做热菜中的一道荤菜、素菜还是一道冷菜，由每组选派一名选手抽签决定。

(2) 抽签后小组成员协商，如何做得既符合老年人的口味特点，同时又色香味俱全。

(3) 以小组为单位，由养老机构的工作人员评出最有创意的菜品。

五、结果呈现

由养老机构的工作人员评出最有创意的菜品，并在社区养老驿站内加以推广。

（曹凤杰）

模块三

守匠情

□ □ □ □ □ □ □ □ □ □ □

匠情是职业的理想信念、责任感、使命感所引发的对职业的全情投入的爱，是把厨艺爱到骨子里和真诚极致服务的一种高尚的心境情趣和胸怀！

第一课时

敬厨义　拒苟且

学习任务

饮食是中国人的大事，作为一名厨师，就是要对消费者负责，要用最敬畏的心，做最有味道的菜，做安全、健康、美味的菜品，在利益面前做出正确抉择，做无愧于心的事情，去成就一番美味事业。本课时就是让学生认识到作为一个厨师应该敬畏什么，怎么防范工作失误，拒绝苟且之行。

学习目标

(1) 明确作为厨师职业敬畏的内涵。

(2) 明确作为一名厨师，能做到防范工作失误，拒绝苟且之行。

(3) 作为一名厨师，在工作过程中，要时刻怀有敬畏情怀。

案例引导

来自意大利的大厨 Federico Carsili 就任北京亮餐厅厨师长一职，他以国际化的视野、高超的烹饪技艺和对厨师职业的敬畏之心给宾客以非凡的专属餐饮体验。

Federico Carsili 于 16 年前开启厨师生涯，从意大利、罗马尼亚再到卡塔尔、中国，他从大厨助手历练成独当一面的餐厅主厨，甚至连罗马尼亚国家元首也成为其座上客。究其原因，Federico 表示是敬畏之心让他成为细节的大师。

对新鲜食材的敬畏之心

Federico 小时候不经意间看见祖母在厨房准备晚餐，那时他还没有桌子高，就已被厨房这个奇妙的世界吸引，对烹饪的热情也如星星之火一般一发不可收拾。把不同的材料与调料混合，碰撞出不同的味道，他乐此不疲。

他认为新鲜的食材是菜品的灵魂，如果食材不够新鲜，再高超的厨艺与万能的调味品也无法打造真正让人心动的佳肴。刚好父亲有渠道可以接触农场的新鲜食材，Federico 更加坚定自己的想法。工作之后共事的主厨每天都逛菜市场搜寻新鲜食材，Federico 也十分赞同。他力图将跨文化交流收获的心得与新鲜的食材相结合，并兼容当地口味，用心烹饪出满意的作品。

对细节品质的敬畏之心

Federico 说上菜之前自己一定要品尝，如果菜品的味道连自己都说服不了，千万不要拿给客

Note 

人。他说自己做菜的过程很“吹毛求疵”，对每一个细节如菜品的摆盘、装饰的选择、盘子的摆放等等都很严苛，就是这种不将就的精神成就了菜品也成就了他自己。

除此之外 Federico 善于聆听客人的建议，称自己是一个不会被赞美而蒙蔽自己眼睛的倾听者，所做的一切都是为了呈现更高品质的菜肴。

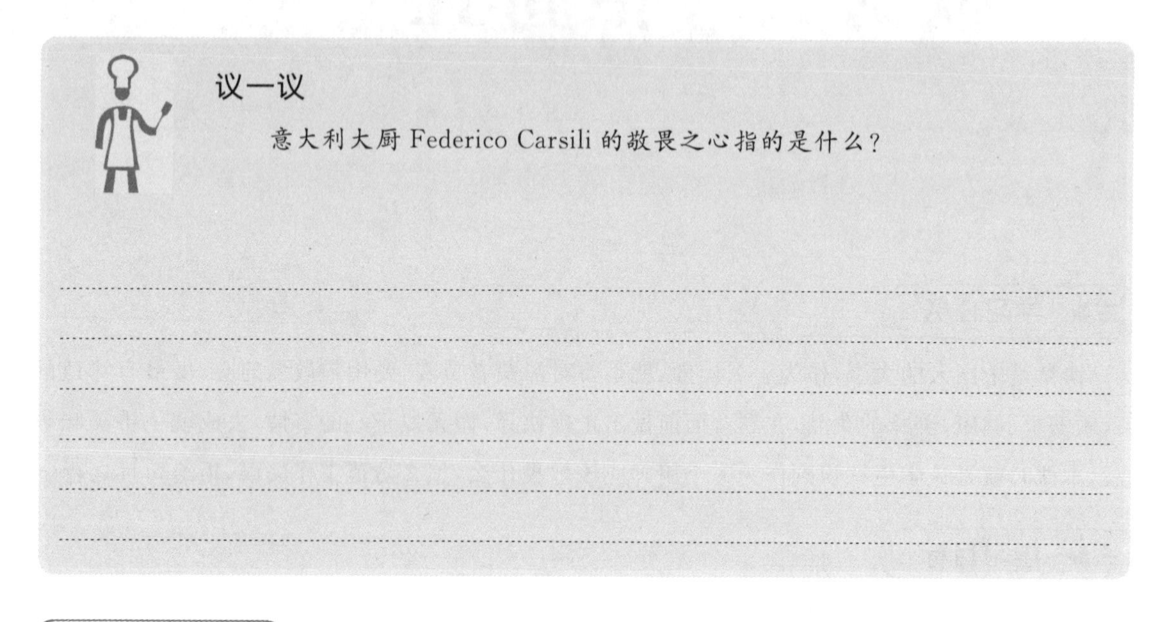

知识积累

敬畏事业才能有所担当、有所作为，敬畏事业才能在取得个人成功的同时推动社会发展和进步。从事餐饮行业，就要对我们的消费者有一颗责任心和一种责任意识，做安全、健康、美味的菜品，这样我们才会在利益面前正确抉择，做无愧于心的事情，去成就一番美味事业。所以，做餐饮一定要有一份敬畏，一种坚持和一颗责任心，这也许就是所谓的“情怀”。

业界前辈们常常说“厨以德为先”，这里的“德”指的就是人品。每一位厨师都应拥有强烈的厨德精神，凡事都应该有一颗仁义之心。一撇，一捺，一点，这就是义。义是中国古代一种含义极广的道德范畴，本指公正、合理而应当做的。孔子最早提出了“义”。孟子则进一步阐述了“义”。这个义的前提是，没有任何利益。提到苟且，有好几层含义。一是指只顾眼前，得过且过；二是指马虎、敷衍；三是指为了眼前的利益，做出违背本心、违背道德、违背法律的事情。作为今后要从事厨师职业的我们，就是要做到敬厨义，拒苟且。敬厨义，拒苟且也意味着我们要常怀敬畏之心。

一、敬畏之心，人之正气

中国古代，在厨师中奉行这样一个传统：名厨们在每次做好一道菜后，都会整理一下衣服，毕恭毕敬地向做好的菜先鞠一个躬。这一躬，一是表达了厨师对做好的这道菜的责任担当之心；二是表达了厨师对做好这道菜的慎重之心；三是表达了厨师对做好这道菜始终怀有一种敬畏之心。

其实万物众生，都值得我们敬畏。从一棵棵跳舞的草、一朵朵向阳的花、一份份新鲜的食材，一道道美味的佳肴，到一只只蚂蚁的力量，再到一个母亲在产房里挂满汗珠与泪珠的笑容。

“君子有三畏：畏天命，畏大人，畏圣人之言”（《论语》）。意思是说，君子要有三种敬畏：敬畏天命，敬畏尊长，敬畏圣人的教导。一个人只有常怀敬畏之心，才能成为一个君子。圣人、智者之

所以不平凡，是因为有所敬仰也有所畏惧。而平凡之人，常怀敬畏之心，就不会轻易浮躁，也不容易疏忽，内心自然生养一些正气、崇高与庄严。

烹饪的厨师对食材如果没有敬畏，就做不出一顿佳肴；拿俸禄的官员对人民如果没有敬畏，就容易贪污腐化；黑人阿里因为敬畏每一个对手，成长为一代拳王；袁隆平因为敬畏水稻，在稻田里梦想成真。而你我，如果对自然对生命缺乏虔诚之心和敬畏之情，就不会真正体味到生活的幸福与生命的美善。从水稻之父身上，我们学会热爱手里粮食，常怀平常心；从一代拳王的背影，我们看见高度、理想，并常怀敬畏之心。

（一）“敬畏之心”首先是对道德的敬畏

当代中国，一个公民要有“五种敬畏”，即敬畏道德、敬畏法律、敬畏自然、敬畏生命、敬畏事业。无论一个人是富有还是贫穷，都有自己的身体、自己的思想，同时也有各自的一份职业。我们因出生和机会以及后天的努力，会走向不同的岗位。但是在当代社会，在利益和金钱的冲击下，人们开始出现了道德滑坡和信仰缺失，很多人于是缺乏敬畏之心。由于没有敬畏之心，也就没有了行为底线，一个失去了行为底线的人会变得非常可怕，所以有失道德的行为比比皆是，屡屡发生。

（二）“敬畏之心”体现的是对事业的敬畏

为什么有人把工作看作是打工，有人却会把工作看作是事业，这就要看一个人对事业有没有敬畏之心，这种敬畏表现出来的更像是一种热爱。我们可以把这种热爱分为三种境界：热爱你的工作，它就会成为事业；热爱你的事业，它就会成为艺术；热爱你的艺术，它就会为你带来快乐。敬畏事业才能有所担当、有所作为，敬畏事业才能在获取个人成功的同时推动社会的发展和进步。真正的美食，是厨师用敬畏之心去雕琢的艺术。或是栩栩如生的雕花，或是十几道复杂的工序，在我们看不到的背后，是一个厨师的真正修行。有的美食漂亮得不像话却难以触动你的味蕾，有的美食虽然朴素简单，却能让你流泪。这大概就是厨师的“匠心”了。享受每一次烹饪的乐趣，认真去挑选每一个搭配，调和每一重口味，以己之心融合食客的心意，哪怕是最常见的食材都能传递出最真挚的情怀，这才是能吸引你的美食。

二、敬畏之心，人应有之

作为一名从业者，只有在工作中，常怀敬畏之心，才能确保在从业过程中少出错、不出错；才能让自己在从业过程中真正懂得什么可为、什么不可为；才能确保我们工作的质量和成效。那么，如何让从业者做到常怀敬畏之心去工作呢？

（一）在规范思想上，牢固树立“有所畏惧”的从业理念

古人曰：凡善怕者，心身有所正，言有所规，纠有所止，偶有逾矩，安不出大格。这也就是说，人若是没有了敬畏之心，往往就会肆无忌惮，甚至会为所欲为、胆大包天；有了敬畏之心，才不会忘乎所以，无法无天。

要让从业者从思想上树立“有所畏惧”的从业理念。要加强对制度落实的执行力建设，让制度的刚性约束在执行过程中彰显约束效力，让制度的内容在具体执行中，真正能使从业者入脑入心；让制度的严格执行力，真正能警示从业者面对不规范从业行为，真正从心里感到望而生畏。

（二）在规范行为上，自觉做到“必须敬畏”的从业要求

古人曰：该赏不赏，是对善的亵渎；该罚不罚，是对恶的怂恿。奖惩分明、兑现有效的机制建设，是确保从业者对所从事的职业必须具备“敬畏”之心的根本所在。所以我们必须因地制宜、结合实际制定相关制度，并严格贯彻落实。在工作中牢固树立“不以善小而不为，不以恶小而为之”的从业理念，自觉在行为上做到有令必行，有法必依，自觉在行为上履行“必须敬畏”的规范从业要求。

（三）在规范过程中，真正明白“缺失畏惧”的从业危害

古人云：君子爱财，取之有道。作为每一个从业人来说，工作是我们谋生的一种方式，也是我们靠自己劳动来为社会和自己谋取正当利益的一种手段。如果我们在从业过程中缺失了对规范从业规定的敬畏之心，那么后果将是人财两空。

（四）在规范结果中，真正感知“懂得敬畏”的从业收获

常怀敬畏之心去工作，我们才能从源头上树立职业人正确的从业价值观；常怀敬畏之心去工作，我们才能从过程中不断规范职业人的从业行为；常怀敬畏之心去工作，才能从工作质量上不断要求职业人所具备的高度责任心；常怀敬畏之心去工作，才能从结果上不断丰富个人成长经历；常怀敬畏之心去工作，才能让职业人与企业实现双赢。

“敬畏”可以励志，“戒惧”可以担责。厨师是一门技术性很强的职业。想要在这一行业当中脱颖而出、获得好口碑、做出好成绩，并非易事。我们要学习古代厨师“向菜鞠躬”这种对工作充满“敬畏之心”的精神，时刻警醒自己：饮食是中国人的大事，一定要对消费者负责，用最敬畏的心，做最有味道的菜。

实践探究

作为一名烹饪专业的学生，说起《舌尖上的中国》这档饮食相关的节目，几乎无人不晓。随着摄影师的镜头，看一个个美食制造者跟着时令的节奏享受和创造生活，你会发现一种古老的智慧：地不分东西南北，靠山吃山、靠海吃海；味兼容酸甜苦辣，顺应自然，适者生存；材不求丰富多样皆取新鲜生动，盐这个味道实现了中国人秋收冬藏的期待……美食，是大自然的馈赠。《管子》中有语曰：“德者道之舍，物得以生”。其实我们每一个人，当自然界中的许多生命牺牲本体供养着我们的生命时，都应该有一种恻隐之心：感恩、珍惜！

在食品安全危机不断挑战公众情感的当下，食物如何返璞归真？环顾生活的周遭，向自然过度地索取，大拆大建，近视多聪，短视少智，这样的为官主政者仍有；无视民以食为天，对食品缺乏敬意，监管不力，甚至利令智昏者，也是屡查难禁；总有监管力量不到的地方，食品企业除了监管，难道企业主作为人之子女、姐妹、兄弟、父母，不懂得毒人互毒的道理？再好的美味，也是人做出来的；对美好生活的向往，是中华儿女一辈辈继承创造的动力。导演陈晓卿带着对食物的感情和敬意拍摄这个纪录片，凌晨冰湖上的捕鱼老者、深夜湖塘中的挖藕人、浩瀚大海上一无所获的渔夫……摄影师镜头里一个个平凡的人，他们才是美食的创造者；他们的艰辛劳动，和一个个家庭厨房里的温情，成就了我们的美食文化。无论你从事什么职业、是有权有势还是暂时拮据，夜深

人静时体察我们内心深处最期待的，不过只是那一口。

请学会尊重和敬畏美食，尊重美食的创造者，保住我们的生活之根。

我爱我在

任务要求建议：

1. 选择一期《舌尖上的中国》进行观看。
2. 这期节目对厨师的敬畏之心是如何体现的？
3. 这期节目中，厨师在选材、烹饪过程中，怎么样做到了不苟且？
4. 你看完这期节目后有怎样的思考？

形式建议：观后感、分析简报、课堂分享交流等。

活动收获

我的同伴

我的对手

我的老师

我对自己

评价内容	评价标准	评价(分值:20 分)
内容选择	内容合理,紧贴实际	
观点呈现	理例结合、观点明确	
学习过程	积极主动,形式新颖、要点清晰	
语言表达	语言生动流畅,表述合理、准确	
时间掌控	时间控制合理	
亮点		
我的建议		

学以致用

一、活动主题

怀着敬畏之心,改正自己的操作失误。

在线答题

二、活动内容

总结自己在实训、操作过程中出现过的失误,并能反思找出改正的办法。

三、任务要求

(1) 通过正规渠道查找对餐饮从业者的素质要求。

(2) 敢于发现、认可自己的工作失误,并进行反省、归纳总结。

(3) 训练自己的沟通表达能力。

(4) 拓展菜品质量管理知识。

四、结果呈现

以小组为单位撰写一篇报告,主题自定,将组员的操作失误及反思改进想法罗列出来,以喜欢的形式在课上或班级群内分享交流。

(高芳)

第二课时

干一行　爱一行

学习任务

人生发展中，有人做着自己喜爱的工作，不仅生活幸福快乐且事业有成；也有人对自己所从事的工作缺乏兴趣，甚至成为负担，每天异常劳累痛苦。所有这些，都体现了“干一行，爱一行”在人生职业发展中的重要意义。作为即将步入职场的准职业人，首先要了解热爱职业情感的重要意义，并积极主动培养自己的浓郁的职业情感。

学习目标

(1) 了解热爱情怀对职业发展的重要意义。

(2) 掌握本专业对应的行业特点。

(3) 培养职业活动中精益求精、追求卓越的职业精神。

案例引导

张文海，国宝级烹饪大师，鲁菜泰斗，首届中国烹饪协会理事。精通鲁菜的烹制，博采众长，汲取南北菜系优秀特点，自成风格，代表菜品有鸳鸯菜花、鸡蓉鲜蚕豆、枸杞菊花虾仁、虾子烧鱼肚、烩两鸡丝、五彩鱼丝、两吃大虾等。

国宝级烹饪大师张文海，烹饪界无人不知无人不晓，更有国家领导人对他的厨艺人生赞赏有加。其传人、弟子也追随他的德艺，在整个烹饪行业内好评连连。张文海一生爱烹饪，并且无私地把烹饪事业传承给我们。张文海做厨师快七十年了，厨艺功底深厚、技艺全面、手法精湛、烹饪风格独具创意等都为人们所称道。虽然被评为国宝级烹饪大师，张文海在生活中却非常低调，不喜欢张扬的个性让他很少抛头露面，只有别人需要他帮扶或传授技艺的时候才会出来。

作为一个国宝级烹饪大师，鲁菜泰斗，这些称号并不是凭空而来的，背后必然付出了巨大的努力。1943 年，他到天津著名的山东风味餐馆致美斋饭庄当学徒，白天学习刀工、菜肴的制作，晚上点着蜡烛继续学习理论知识，在没有蜡烛的时候，张文海就借着微弱的月光，一直学习到很晚。厨师工作与普通工作不同，往往是上班在人前，下班在人后；做在人前，吃在人后；年少的张文海在致美斋饭庄做了 1 年学徒后终于成为一名厨师，别人 2 年做成的事，他 1 年就做成了，这离不开他每天那起在人前，睡在人后的精神，不仅成了厨师，同时还将刀工练得炉火纯青，这为他

Note

以后的职业生涯打下了基础。1985 年,35 岁的张文海被评为特一级烹调师,这对一个厨师来说是非常大的荣誉,之后多次获奖,后来被载入中国厨师名人录及京华名厨传。这些成就离不开他这么些年兢兢业业的工作及对烹饪的反复制作及创新。

一项项荣誉的背后都是刻苦的反复的练习,学习没有捷径可走。俗话说:台上一分钟,台下十年功,张文海以自己的几十年努力成了鲁菜的代表人,也让自己后继有人,并将它发扬光大。如今的他桃李满园,各个酒店都有他的弟子,为中华烹饪后继有人培养了大批高技能人才,张文海为鲁菜的发展做出了重大贡献,为弘扬中华烹饪技术和饮食文化做出了巨大贡献。

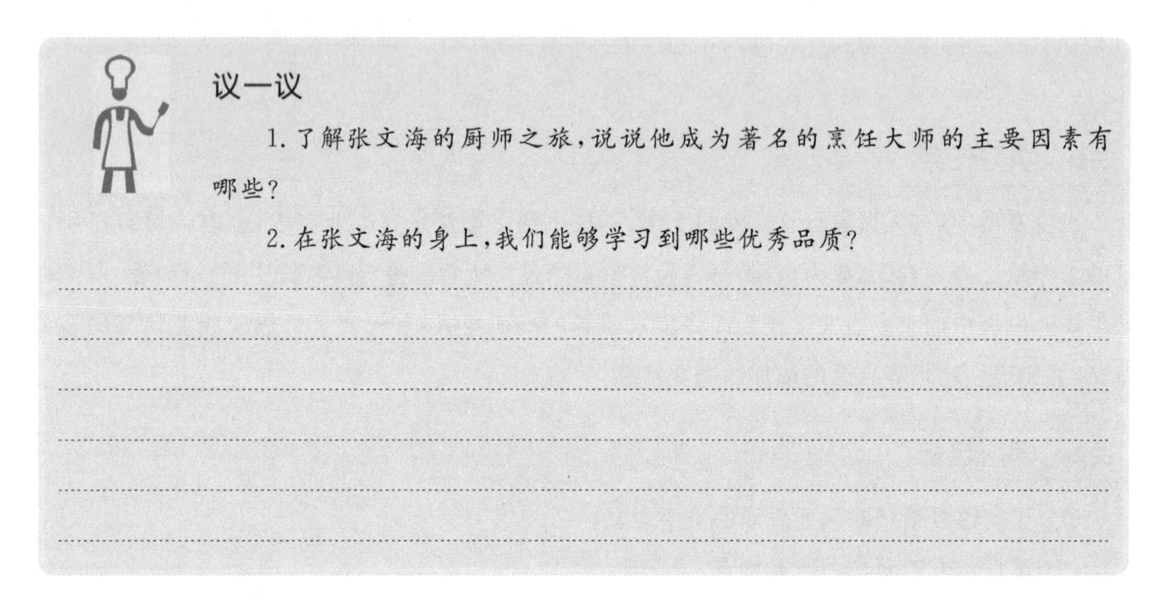

知识积累

我国精神文明建设的相关要求中指出,公民基本道德规范:爱国守法、明礼诚信、团结友善、勤俭自强、敬业奉献。社会主义职业道德主要规范:爱岗敬业、诚实守信、办事公道、服务群众、奉献社会。两者都强调公民从事职业活动要爱岗敬业。所谓爱岗敬业,就是要认真对待自己岗位职责,认真履行自己岗位职责。热爱自己的岗位,敬重自己的职业,做到干一行、爱一行、专一行。

一、爱岗敬业是职业道德的基本要求

人只有对自己所从事的工作拥有无限的热爱,才会集中精力,才会最大限度地发挥智慧才能,才能高效率、高水平地做好本职业工作。爱一行,干一行,才能干好一行。工作就好似与人谈恋爱,获得幸福的前提和基础是爱恋他。就像热恋中人那样,心心念念,牵肠挂肚,离不开放不下,满心想念的都是他。这种热情,这种状态,放在了自己的工作上,就能把工作做好。

(一)要心怀爱岗敬业的职业态度

每一个从业人员刚刚踏上工作岗位,碰到的第一个问题,就是职业态度问题。所谓职业态度是指人们在职业地位、思想觉悟、道德品质、价值目标等诸多方面的影响下,形成的对自己所从事工作的认识情感和行为态度。中华民族是一个具有优秀职业道德的民族。自古以来,人们积累了大量的社会经济发展中的劳动实践经验,提出了一系列具体可行的职业道德规范。各行各业尤其提倡爱岗敬业的职业态度。

（二）要心怀爱岗敬业的职业情感

在工作中热爱自己的工作岗位，敬重自己所从事的职业，即使在别人看似平凡的工作岗位中依然勤奋努力，尽职尽责。在工作中，不只是用肢体在工作，而是全身心投入，把自己的工作做到尽善尽美，做到极致。厨师工作是否高尚有趣，不要在意别人怎么说怎么看，应当关注自己的感受，取决于自己的看法。工作是做好、还是做坏，是幸福和骄傲地做、还是被动和厌恶地做，都取决于我们自己的职业情感。对于厨师行业，有人心生敬意且乐在其中，但也有人厌恶鄙视，度日如年。作为厨师的我们，假如十几个小时的工作时间，充满了期待、快乐与满足，感觉就像和我们的恋人谈情说爱那样甜蜜，我们一定能够感觉到自己的幸福和快乐。

（三）要有爱岗敬业的职业行动

一个人无论从事什么职业，都应该做到干一行，爱一行。干一行，爱一行是一种优秀的职业品质，是所有的从业人员都应遵从的基本价值观，是社会主义职业道德最基本、最普遍、最重要的职业要求。要求从业人员在每一个工作岗位上，摒弃高低贵贱的狭隘思想，都能够忠于职守，不计得失，兢兢业业，任劳任怨，一丝不苟，保持高度负责的职业精神和职业道德。

二、热情付出是职业发展的动力

作为一名积极进取、锐意进步的职业人，必须热爱自己的工作岗位，了解它、认识它、学习它、接受它、喜爱它，有意识地培养自己对这份工作的职业情感，并满怀热忱地为其付诸自己的职业行动。只要我们充分发掘自己内心的潜能、活力和创造力，我们的工作也会完成得越来越高效，越来越精彩。

（一）要珍惜工作

现实社会经济生活中，不乏会有很多人本来拥有一份很不错的工作。然而，他们却不懂得珍惜，身在福中不知福，总认为自己“大材小用”了，不看自己能给企业做出什么成绩，一味地要求企业给自己提高待遇。他们有的人会把工作任务当成沉重的包袱和负担，以一种应付差事的态度，得过且过，当一天和尚撞一天钟。还有的人尽管拥有良好的工作环境和宝贵的工作机会，但不懂得珍惜，工作中马虎大意、敷衍了事、偷奸耍滑，甚至牢骚满腹，不懂得感恩。这样长此下去必定会被企业辞退。

珍惜自己的工作，不仅是企业对从业人员工作态度的要求，也是从业人员求真务实价值观念的体现。在社会经济活动中，要实现企业与个人的双赢，就要求每一位从业人员从思想认识、敬业精神、职业态度等方面，努力做到尽职尽责、忠实忠诚、讲究细节、真抓实干、开拓创新、团队协作以及与时俱进。

（二）要坚守事业

一个人只有懂得看重职业、尊重职业，职业才会看重自己、尊重自己。俗话说，一分耕耘一分收获。你对职业付出多少智慧和汗水，职业就会回报给你多少成就和财富。相反，你轻视职业、藐视职业，职业也会轻视你、藐视你。而你的人生就此成为碌碌无为、一事无成、令人叹息的一生。每一个从业人员都应该认识到职业的重要性，发自内心地尊重自己的职业。这样企业和员工就能够达到双赢的结果，即企业赢得效益和发展，员工赢得收入和能力。

坚守事业，坚守工作岗位，就是要做到：恪守职业规范，遵守行业规定；兢兢业业履行岗位职责；关键时刻彰显责任担当、能够临危不退。坚守职责是神圣的，担负职责是光荣的。无论在哪个工作岗位，都应该认认真真地履行自己的职责。在日常的工作活动中，难免会遇到一些突发的危险的紧急情况，作为当班或不当班的从业人员，在关键时刻要能够临危不惧，冷静处理，挺身而出，勇于担当。这是坚守岗位的敬业精神的具体体现，更是强烈的职业情感使然。

（三）要忠诚企业

从业人员要忠诚于自己的企业。任何一个实力雄厚、致力发展的企业都非常重视员工对企业的忠诚度，而这需要企业和员工共同努力。一方面，企业会通过打造企业文化、加强员工从业规范教育，以及组织企业员工集体活动等途径，培养员工对企业的文化情感和职业依赖，创设员工职业发展的提升空间和机会，潜移默化地促进员工对企业的忠诚与忠心。另一方面，作为企业从业人员，也要培养自己对企业的忠诚情感，利用企业搭建的发展平台，尽快提升自身职业能力和职业素养，努力为企业做出更多的贡献。

实践探究

沈立是某酒店西餐厨房的实习生，一个月后，由于岗位调整，行政总厨通过酒店遗憾地表明了不能再任用他的意见。但沈立认为，不能轻易放弃这次实习机会。于是沈立找到酒店人事部门负责实习生的王经理，主动提出希望能在酒店继续工作，无论是什么样的岗位都可以，再苦再累都没有关系，只希望能再给一次机会。人事经理被他这种遇到挫折不放弃的精神打动了，恰巧中餐厨房缺人手，就把沈立调往中餐部试用，以解燃眉之急。还没等办好调整部门的手续，沈立就赶忙跑中餐厨房帮忙。工作中不断遇到难题，他虚心向部门中有经验的老师傅请教，并且用业余时间去学习训练自己。功夫不负有心人，没过多长时间，沈立就可以在完成了自己的任务后，还主动帮助其他同事完成任务。他好学肯干、勤学好问的态度得到了厨师长和同事们的认可，因此顺利度过了试用期。试用期结束后，沈立如期转正。

我 爱 我 在

任务要求建议：

1. 沈立是如何由西餐厨房转入中餐厨房并顺利度过了试用期的？

2. 在沈立的身上我们可以找出哪些优秀的品质？

3. 总结归纳出自己需要学习的几点内容。

形式建议： 通过案例分享、小组辩论、班级板报、专业学习园地等。

活动收获

我的同伴

我的对手

我的老师

我对自己

评价内容	评价标准	评价(分值:20分)
内容选择	内容合理,紧贴实际	
观点呈现	理例结合、观点明确	
学习过程	积极主动,形式新颖、要点清晰	
语言表达	语言生动流畅,表述合理、准确	
时间掌控	时间控制合理	
亮点		
我的建议		

学以致用

在线答题

一、活动主题

学习“最爱的你”。

二、活动内容

通过学习上述材料内容，感受热爱情感在自己职业学习和发展中的重要意义。经过比较、评价，评选出班级同学中最热爱专业的学生，并罗列出他的突出表现，便于大家向他学习。

三、活动目标

(1) 通过此活动，内化于心，外化于行。将所学内容落实到行动中，并指导学生行为。

(2) 在班级里树立榜样，便于学生之间相互学习，相互促进。

四、活动过程

(1) 学生分小组，依据学生学习成绩、日常表现，评选出班级里最热爱专业学生 3 人。

(2) 大家搜集整理最热爱专业学生的行为表现和做法，全班同学以他为榜样学习培养自己的职业情感。

五、成果分享

(1) 各小组将评选出的学生表现材料以图片和文字的形式，制作小报在教室宣传墙展示。

(2) 各小组整理好最热爱专业学生的宣传讲解材料，在班会上开一个“故事会”。

（宋春玲）

第三课时

任其职　尽其责

学习任务

责任重于泰山，在任何行业和岗位都是一条非常重要的职业品性要求，厨师行业尤其如此。随着人们生活水平的提高，人们对健康饮食的要求也越来越高。作为厨师行业的职业人，首先应树立严格的岗位责任意识，培养自己敢于承担责任，勇于担当的精神，为自己以后的职业发展、立人立业奠定基础。

学习目标

（1）了解担当精神对职业发展的重要意义；掌握在职业活动中养成高度的责任意识的基本方法。

（2）能够在日常的专业学习训练中通过主动承担任务、担当重要角色、分享活动成果等活动过程，培养提高自己的责任意识的能力。

（3）培养自己勇于担当的人生态度，增强在职业活动中积极进取的强烈的责任感和敬业精神。

案例引导

郭文彬1933年出生在广州，是国宝级面点大师，国际烹饪艺术大师，国宝级厨师之一，在中餐界被称为“面点魔术师”。郭老热爱工作的同时也热爱学习，家中的柜子里全是各时期的照片，还有很多关于厨师的书籍。他的家给人感觉温馨又朴实。郭老的大徒弟王春耕在美食节目做了郭老最拿手的面点桂汁山药桃，俗称寿桃。这道寿桃不仅口感好而且适合老人、小孩吃，营养成分很高。郭老的大徒弟王春耕1964年跟郭老学习到2007年退休，但是他觉得自己还没有毕业，因为郭老现在已经80多岁了还在积极学习。郭老的大徒弟还说，厨师本来就是勤行，所以要做到眼快，手快，眼勤，手勤，虚心好学，吃苦耐劳。

1949年8月18号，郭老正式去上海参加工作。起先郭老是做糖果饼干，做了半年。半年以后就进入了餐饮行业，一进餐饮行业郭老就觉得对这项工作特别感兴趣，虽然很苦但是干得很起劲。郭老这一干就是60年，郭老对自己的工作特别满意，特别乐意干这一行。1956年参与了国宴的制作。1956年以后不论国庆招待会还是国宴或者是所有的外国代表团招待宴会，郭老都全

部参与了。

郭老还是面点厨房的“爱迪生”。郭老爱动手爱动脑，以前做面点用的工具都收藏着，还有很多工具是郭老发明的，比如面点秤，这个秤已经跟了郭老 30 多年了。郭老虽然创造出这么多的工具，但是他还在不断学习和不断接受新鲜事物，还让徒弟们不断创新。郭老的高徒王造柱介绍郭老在中餐面点厨房创造出了各种各样的机器，比如压面机、和面机、打馅机等等。郭老在这方面做出了巨大的贡献，可见他对中餐这个行业的热爱有多深。

在郭老的大徒弟王春耕的眼里，郭老是一个非常好的师父，他带徒弟就像带孩子一样。郭老不仅是一个特别勤快的人，还是一个谦逊、随和、细致、爱国、爱动脑筋、工作认真的人。

郭老“面点魔术师”的称号是怎么来的呢？这个称号来自海外，当时郭老去布拉格参加大赛，一个礼拜没睡好，就在想做什么，然后郭老就想了一个“一龙生九子”，九子是代表九个龙，九龙送宝，整个成品长 90 厘米，宽 60 厘米。材料是用糖拔出来的九条龙，还做了一个丰收塔，这个丰收塔高一米一，用白糖制作而成。作品送展后，拿了两个奖。因此，外国人就给郭老起了“面点魔术师”这个称号。

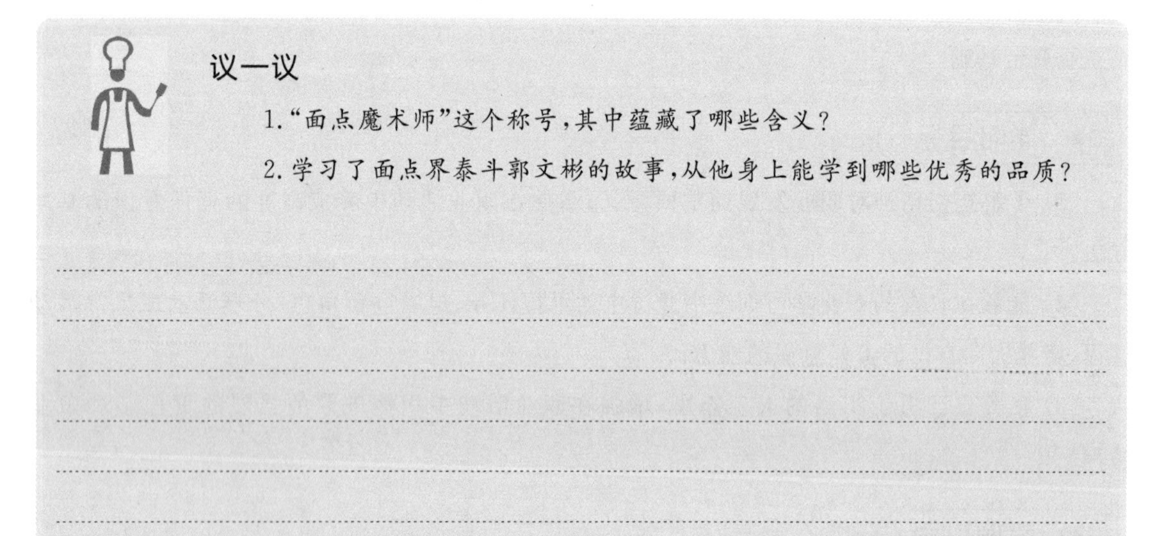

议一议

1.“面点魔术师”这个称号，其中蕴藏了哪些含义？

2.学习了面点界泰斗郭文彬的故事，从他身上能学到哪些优秀的品质？

知识积累

古语有云：君子以思不出其位。这句话是指我们考虑事情要在自己的职责或能力范畴内。在此岗位上，就该时刻清楚知道自己该做什么，用心做事。用心做事，就是以负责、务实的精神，做好工作以及与工作相关的每一件事，将工作内容生活化、扩大化、人格化，使自己成为真正的职业者；用心做事，就是认真对待工作流程中的每一个小的细节，提前通过自己的工作经验做出判断和预测，并调整有效措施，实施针对性行为，从而保证工作成果；用心做事，就是追求更高、更好、更优秀，就是要让自己比过去做得更好，比别人做得更好，孜孜不倦，永无止境。

一、“任其职、尽其责”的要义

中国古代思想家提倡的敬业精神，孔子称之为“执事敬”，朱熹解释为“专心致志，以事其业”。随着社会经济的迅速发展，任何工作岗位都要求工作者要“执事敬”。“任其职、尽其责”就是要求

Note

职业者用一种严肃的态度对待自己的工作,要求职业者对客人负责、对企业负责、对自己负责,要勤勤恳恳、兢兢业业,忠于职守,尽职尽责。

(一)尽职尽责的员工有无限的发展潜能

任其职、尽其责,是我们干好本职工作的前提和基础,更是我们长期坚守的工作信仰。当然我们会付出超出旁人的辛苦,但未来的收获一定会让我们惊喜。即使我们的能力有限,才华一般,但在工作岗位上,路遥知马力,日久见人心。你的踏实、负责、认真、可靠,一定会让我们比他人走得更远,发展得更好。如果我们能力优秀,不仅有天赋还尽职尽责,那么,我们就必然会脱颖而出,成为行业的佼佼者,任何困难都挡不住我们的成功。

(二)尽职尽责的员工能够把控人生

作为一名现代职业者,首先要有对自己人生负责的强烈意识,并将自己的职业发展规划与人生发展阶段融合起来,有目标、有规划、有原则地成为自己人生发展的规划者和实施者。尽职尽责是职业者对自己所负工作职责使命的忠诚和信守,是尽自己所能将工作任务出色完成,也是作为职业者将职业元素融入人性的升华,是一个职业者优秀的道德品格的最好呈现。

如果你想成为一名优秀的金牌员工,想在未来的职业生涯中崭露头角、金石为开,就要做到尽职尽责、尽心尽力地做好自己的本职工作,把控好自己,把控好人生,相信自己,笃定未来,全身心地投入工作中。

(三)尽职尽责的员工具有大局意识

社会中各个行业好比一台大机器,其中的任何一个环节哪怕是一个小小的螺丝钉出现了问题,都会影响整台机器的运转。同样道理,任何一个行业的工作者都要尽职尽责,忠于职守,否则就会影响整个企业或单位的工作进程,甚至影响整个行业或社会的声誉,同时也会损害到个人利益。所以,尽职尽责的员工都能够以大局为重,先人后己、先公后私。

尽职尽责是每一个厨师必备的职业素养。请记住一条永远不变的真理:以积极的心态对待工作,工作也会以积极的回报反馈于你。如果每个人都能各就各位,尽心尽力地履职尽责并扮演好自己的角色,我们的社会这个大机器就一定能良性运转、高速发展。

二、认真负责、忠于职守

认真负责、忠于职守就是要主动做好自己的本职工作,表里如一、言行一致,就是要精益求精、一丝不苟。“精诚所至,金石为开”,每一位现代厨师都应该对自己的工作尽职尽责,用持之以恒的“精诚”开启自己几十年的职业生涯之路,在不远的将来必会迎来“金石”之开。

(一)用思想领导行动

作为一名厨师,无论在哪个工作岗位,首先要有一个端正的态度,能够认识到自己工作的重要性及其在整个工作流程中不可或缺的地位,树立全局意识、大局意识,提高合作协作能力,将自己在企业中的工作当作终身事业来做,把每天的工作任务当作事业前进道路上的铺路石。有这样的工作态度和思想认识,自然就能够尽心尽力、尽职尽责地对待每一天每一项的工作。

(二)注重工作细节

老子曰,天下大事,必作于细。作为一名有志向的职业者,要铭记“千里之行,始于足下”的道

理，能够在自己的工作岗位上，踏踏实实、认认真真地把每一件小事、每一个细节做好。从点滴做起，从细节做起，固守自己的岗位。长此以往，坚持下去，不远的将来，我们将会对社会、对他人做出最大的贡献。

（三）自觉提高专业技能

作为一名优秀的厨师，要明白自己职责的重要性，并清楚自己的工作要求，并在工作中努力追求更高的目标。在工作中要加强学习、善于请教、勇于创新，养成学习思考的习惯，摒弃呆板守旧、吃老本的工作作风。要虚心善学，灵活创新，随着时代发展进步，不断调整、丰富自己的知识结构，不断更新、提高自己的岗位技能，以便圆满完成自己的工作任务。

有一句话说得好，“今天的成就是昨天的积累，明天的成功则有赖于今天的努力。”聪明的厨师会把工作和自己的事业发展统一起来，为了自己未来的职业发展，他会把厨师工作中的寂寞、压力和单调予以忽略，笃定自己所从事的是一份有价值、有意义、有乐趣的重要工作，从中可以感受到使命感和成就感，并能够体验工作带给自己的无尽快乐和幸福。

实践探究

小李自从某烹饪学校毕业后，就在某酒店西餐后厨的热菜厨房工作。虽然还处于试用期，但因为离家远、工作累、工资又不高，所以小李早已偷偷联系了另一家餐厅，并通过了人事部的初步考核，按照约定明天就直接去新的工作岗位了！这些小李和谁都没说，只等明天一走了之！

所以，今天的小李多少有些心不在焉，备料时总是粗枝大叶、丢三落四的，想想明天自己干了不到一个月的地方，因为自己的突然消失而乱作一团，小李的心里不免有些幸灾乐祸的小激动。

第二天，小李早早地来到新的工作餐厅，一切都很顺利。小李开始了他盼望已久的新的职业征程！

然而，世界总是很小。小李的新主管和以前酒店后厨的旧主管是朋友，在一次朋友聚会中，聊到员工的不辞而别，旧主管自然提到了小李的突然离职给后厨带来的很多麻烦，新主管也了解了小李过去的所作所为，并认识到小李的职业品行问题。于是，新餐厅很快就把还在试用期的小李辞退了！

有一句话说得好：“演员最重要的不是上台亮相，而是下台的时候背影要优雅。”作为厨师，如果真的要离职，也请你做到以下几点。

1. 务必提前向餐厅打招呼 一说“辞职”，立马不见人。这样不负责任地离开，会让人感觉“你不靠谱、不负责任”。试想，当身边人对你产生这样的印象时，谁还愿意跟你深交、愿意为你介绍朋友甚至下一个工作机会。

2. 一定第一个让你的主管知道 如果决定离职，请一定第一个让你的上司（主管或者厨师长）知道。如果提前将离职决定透露给上司以外的他人，相当于断了自己的后路。

3. 站好最后一班岗 在和领导谈妥了具体离职时间并征得同意之后，再着手交接工作。我们应该一如既往地努力做好本职工作，站好最后一班岗。在接替你的人来了之后，将手头的工作交接完毕才好离开厨房，以尽到自己的最后一份责任。

4. 跟接任者交接好工作 仔细认真地做好工作交接，将你良好的职业精神留在旧同事的记

忆中。尽己所能完成你手头上余下的工作，告诉接任者每天要做什么，哪些工作要准备，哪些工作要注意。在德国，职业界有这样的法则：每一个离开的人，都会为接任工作的人留下一份备忘录，以便他能够容易接手，并迅速开展工作。

5. 离开后，请永远说原餐厅的好　新餐厅的老板或厨师长，听到你对原餐厅的坏评价后，是否会认为：这人品行不好，不能用他。所以，即使离开了，也请别说原单位不好。

离职，并不是上一份工作的终结，而是下一份工作的开始。

我爱我在

任务要求建议：

1. 作为一名厨师，离职前做好这些工作体现怎样的职业素养？

2. 说说上述资料离职前后要做到的事项中4、5项的具体做法可体现在哪些方面？

形式建议：小组讨论、辩论等。

活动收获

我的同伴

我的对手

我的老师

我对自己

评价内容	评价标准	评价(分值:20分)
内容选择	内容合理,紧贴实际	
观点呈现	理例结合、观点明确	
学习过程	积极主动,形式新颖、要点清晰	
语言表达	语言生动流畅,表述合理、准确	
时间掌控	时间控制合理	
亮点		
我的建议		

学以致用

一、活动主题

我有我的"座右铭"。

在线答题

二、活动内容

围绕"忠于职守"的主题,每人搜集或编写1~3个名言警句。

三、活动目标

(1) 通过此活动,增强学生的职责意识及担当的精神。

(2) 经过学习,使学生了解掌握忠于职守的具体表现,并指导自己表现到职业行动中。

四、活动过程

(1) 学生通过搜集资料、整理编辑、感悟编写等过程,形成指导自己职业发展的座右铭。

(2) 在教室板报展板上,张贴每位同学的座右铭,相互学习、共勉。

(宋春玲)

Note

第四课时

育忠诚　乐奉献

学习任务

忠诚代表诚信、尽职和服从，是对自己未来所从事事业的敬业、负责、认真的态度以及乐于为此奉献的精神。奉献就是将自己未来所从事的本职工作当作一项热爱的事业去做，不求回报、乐于付出的精神。烹饪行业作为良心行业，要求从业者有高度的责任心和使命感，做健康、安全、美味的菜品。厨师要真正做到忠诚奉献就要诚实劳动，忠诚自己的事业、职业、企业，拥有乐于奉献的情怀。

学习目标

(1) 了解诚实劳动、忠诚奉献的内涵和意义。

(2) 懂得在提升烹饪技艺的同时，乐于忠诚奉献，体会职业快乐。

(3) 培养学生恪尽职守、爱岗敬业，作为一名厨师所应该拥有的忠诚奉献精神。

案例引导

成都温江区席锦酒家具有真正的四川本地材料、厨师和工艺，举办的大大小小的会议和宴会不计其数，从未出过任何不好的评价，而且好评不断。在餐饮圈，尤其是大城市成名较早的大厨，三十多岁干到行政总厨级别的厨师基本上很多都不真正上灶了，四十岁以上小有成就的大厨亲自上灶的就更少了，更别提五六十岁以上的大师们了。而已是古稀之年的中国烹饪大师、川菜国家级评委、席锦酒家菜品总监陈启忠，仍然精神矍铄坚持每天一早来到酒楼，在他热爱了 50 多年的后厨里忙活着。陈大师饱满的劲头一点都不像七旬老人。他个性耿直，话不多，是个典型的实干派。他带动温江上千家餐饮企业积极配合当地政府承办的各类赛事和活动，举办多次美食节，并多次向政府建言献策，为餐饮人谋福利、办实事。七十多岁高龄仍亲自上灶，并誓将余生都奉献给餐饮事业。"只要在其位，就要务其实"，这样朴实的人生态度恰恰是许多人缺少的，也是川菜大师陈启忠最令人钦佩的地方。

刚刚 16 岁那年，陈启忠加入了温江饮食服务公司，在顺江饭店当学徒。从此，先后在杏园餐厅、柳城宾馆担任厨师长、行政总厨、经理等职位，其间多次被借调至北京、青海、天津等地从事餐饮主管工作。

凭借对餐饮的热爱，陈启忠多年来一直坚持做一件事，就是把传统川菜做到极致。从事接待工作，陈启忠接触了来自全国乃至全世界的顾客。他根据市场需求、顾客反馈，在变革中不断寻找商机，及时调整菜品，融入粤菜、沪菜、京菜甚至西餐的做法，将外地食材、调料结合川菜的调味做法，创新了一系列的新川菜，得到广泛的赞誉。陈启忠说："我们消费的食物正越来越多元化，但其中的感动却越变越少，只有抱着'勤恳、务实、认真'的态度，才能走得更长远。中国饮食文化源远流长，快餐盛行的今天，唯一吸引我的，永远是那些有回忆的、原始的味道——因为味蕾的记忆是最忠实的。"这大概就是一个厨艺大师的初心吧。对于做菜，陈大师一点也不吝啬，他的徒弟遍及东京、大阪、北京、西宁等地，都是非常厉害的人物。他不仅教徒弟们技术，还教徒弟们做人的道理。他说做餐饮工作就九个字——"在其位，认真干，务其实"。做厨师就要持之以恒、不忘初心、坚守道德底线、务实肯干。

他以一个平凡人的人生经历注解了"匠心——忠诚奉献精神"，如今已过耄耋之年的他，依然常年奋战在餐饮第一线，烹菜带徒是他生活的日常。他希望自己有生之年还能为川菜发展做更多的事，用自己一生的技艺为川菜振兴再立新功。"只要在其位，就要务其实"，这种朴实的人生态度恰恰是许多人缺少的，也是陈启忠最让人钦佩的地方。

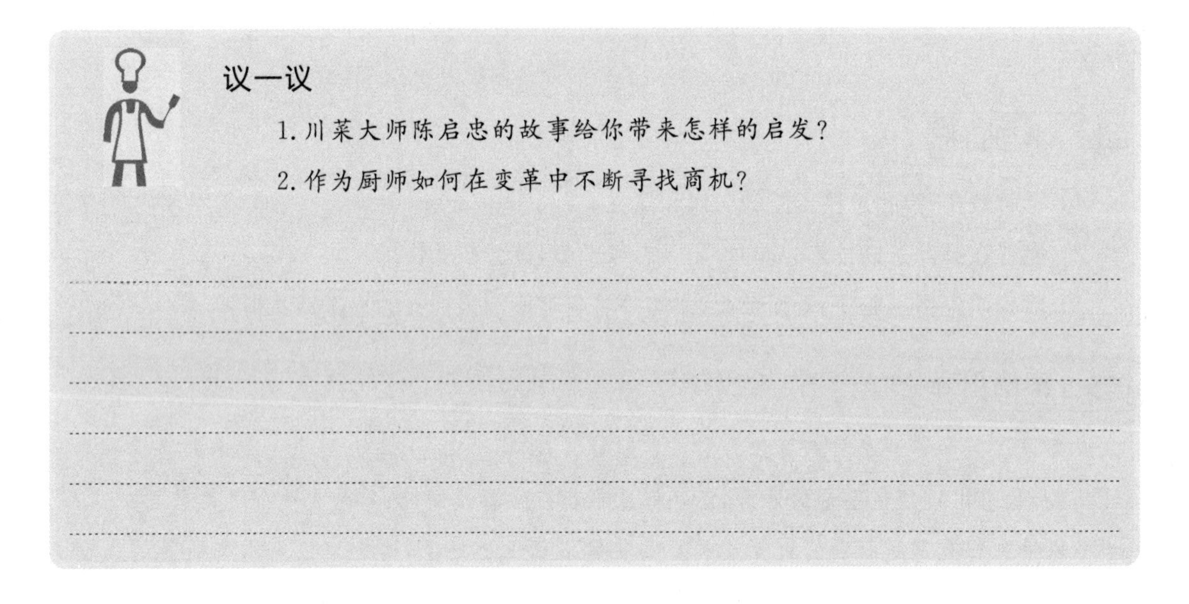

知识积累

时代在进步，伴随着社会的不断发展以及我国餐饮业的日趋繁荣昌盛，厨师这个职业越来越受到人们的尊重和关注。俗话说，民以食为天。饮食离不开烹饪，烹饪离不开厨师。古往今来，无数厨师高手用他们勤劳的双手、高超的技艺为我们推出道道色香味俱全的菜品，是他们创造出了博大精深的中国餐饮文化。

习近平总书记曾教导我们要"诚实劳动"，做一个诚实的劳动者。伴随着经济利益的驱动和市场竞争的加剧，出现了社会的不和谐声音。个别厨师做出了不重诚信、不守规矩、缺乏厨师职业道德的事情，给社会造成了不良影响，严重损害了当代厨师的形象。我们作为未来的厨师，要进一步树立厨师形象，加强厨师职业道德建设就显得特别重要和紧迫。

一、心怀信仰，忠诚奉献

忠诚奉献不仅是一种品德，更是一种能力；既是一种责任，也是一种精神，是其他所有能力的统帅与核心。

(一)职业忠诚打造工匠精神

作为一名厨师，最重要的就是要热爱自己的祖国，把民族和祖国利益放在至高无上的位置。拥有了这样的信仰，才叫作具备基本的职业道德。“忠诚”二字，其意深远，忠诚是一种奉献，需要胸怀大局，自觉奉献，不计得失，努力付出。忠诚是一种义务，包括对国家、对社会、对同事、对职业、对自己、对朋友、对家庭的忠诚，等等。

职业忠诚的主要内容是忠于职守，要求我们要忠实履行自己的职业职责，反对偷懒要滑、敷衍了事、草率马虎、不负责任的工作态度。在具体职业活动中以及对所从事的职业和技术的钻研中都要落实职业忠诚。

职业忠诚是对职业的责任心和使命感，也是每位职业人都应具备的优秀品质，是对于职业的尽职尽责态度以及乐于奉献的精神。要想在本职岗位上有所建树就要善于学习、善于反思、刻苦钻研，在业务上做到精益求精，追求工匠精神。工匠精神忠于信仰、理想、信念，着重强调“四个讲究”:师承、发展、材质、技艺。工匠精神的核心内容是对手艺的忠诚，对职业的忠诚，一贯都是与尊重手艺、材料表达及对待材料的忠诚息息相关。综合来讲，工匠精神是对赖以生存的手艺的崇高回馈，是对手艺的忠诚，也是对行业的忠诚。

(二)爱心奉献做好厨师本职

做好厨师本职工作需要有爱心和奉献精神。奉献精神是不求回报和全心付出，把所从事的本职工作当成一项热爱的事业来完成，树立崇高的精神境界。在大千世界中，我们应有一颗淡泊自然的健康平常心态，善待自己和他人，努力做好职场、生活中的大事小事，寻找内心归属感与成就感，乐在其中，点点滴滴中都会有乐趣，努力做一个对社会有贡献的人。

厨师要真正做到忠诚奉献就要从自我做起、从工作的细节做起、从点点滴滴做起、把忠诚奉献的理念融入未来职场与日常生活的每一个环节中去。厨师要想在这一行业成为一名好厨师，必须努力勤奋地学习专业知识，并不断提高自己的艺术修养，讲究厨艺厨德、尊崇厨道、育忠诚乐奉献，这样未来的职业生涯之路才会越走越宽。

二、忠诚奉献，彰显价值

实现个人自我价值是每个有理想的职业人的追求。匠心精神是人类宝贵的精神财富之一，也是当代备受推崇的社会价值感。正因为有千千万万心怀匠心精神、不忘初心的敬业者，我们伟大的祖国才有了如今举世瞩目的成就与国际地位。个人的自我价值不是抽象的，本质上是一种社会价值。实现个人自我价值最重要的就是要以自己的社会价值为根据。因为社会是不断发展、前进、进步的，一个人越是能做到与时俱进，不断地提升改造自己、有创造精神，就越是能适合社会的需要，也就越有价值。前面案例中的陈启忠大师就是这样一位具有“匠心”，忠诚奉献精神的烹饪大师。

（一）知行合一，忠诚企业

“忠诚”二字有两个层面的意思：“忠”就是讲大局、顾大体，把本职工作放在重要位置；“诚”就是信守承诺，说到做到，善始善终，知行合一。厨师要真正做到忠诚就要不忘初心、持之以恒、高效率；要从自我做起、从细节做起、从点滴做起，务实肯干、坚守道德底线。

忠诚不是用来交易的，对企业忠诚，要把自己的使命感同企业发展紧密结合，做到与企业始终同呼吸、共命运，始终永葆热情，以只争朝夕、干事创业的劲头干好自己的本职工作；通过持续不断加强业务学习，练就过硬业务本领，切实将自己发展成为业务领域中的高技能人才，为企业的发展积极做出贡献。

不论在工作还是生活中，都要清正廉洁，严格自律约束自己。艺术家需要具备匠人的耐力、专注以及独特的审美之心，忠于自己的事业、职业、技艺，忠于“爱你的人和你爱的人”，报答领导的知遇之恩，报答被服务者的喜爱之恩。

（二）人生价值在于奉献

人的社会价值，就本义来讲，在于敬业奉献。奉献属于社会生产价值，既是精神上的，也是物质上的。每一份职业的成就，离不开乐观向上的奋斗精神，将自己的一生与所从事的事业结合起来，在事业的成就感中实现人生的自我价值。

任何一种职业只要肯持之以恒地做下去，把本职工作当成一项热爱的事业去做，努力做好每一件事、认真善待自己与他人，逐渐都会有乐趣与快乐。热爱自己所从事的职业，并从中获得快乐，生活与职场都会更有意义和价值。合格的餐饮人要坚持“展所长、尽所能、倾热情、报社会”的崇高理念，热爱自己所从事的事业，勤劳诚实、不图虚名、脚踏实地、乐于为之奋斗，正所谓：在其位，认真干，务其实。

作为厨师要用充满爱心和感恩的情怀，尤其是在物欲横流、利己主义的环境中，应当把握好自我，善待他人，奉献社会，坚守自己内心的信念。厨师做菜要把自己融入菜肴中，才能做出真正的美味佳肴。厨师这行业真可谓学无止境，活到老学到老。学厨艺、做厨师应持之以恒不断学习。厨师要想在自己的岗位上立足，立于不败之地，那就要多磨炼，由此才能有上乘的厨艺、过硬的本领。

厨师选择了这份职业，哪怕工作环境再艰苦恶劣，工作内容再枯燥烦琐，都应该满腔激情地工作，应该像热爱自己的家庭一样乐于奉献，要集敬业乐业勤业精业于一身，对自己所从事工作和职业有发自内心的尊重、热爱及愿意为之献身。

实践探究

中新网2012年5月14日，以“‘油条哥’自备验油勺卖良心油条称卖的是生活”为标题，首次给刘洪安冠以“油条哥”的称谓进行公开宣传报道，引起极大反响。2013年7月16日，刘洪安事迹在各大媒体公示，以“诚实守信道德模范候选人”入围第四届全国道德模范候选人。2013年9月26日，河北省保定市“油条哥”餐饮管理有限公司经理刘洪安成为10位当选的全国“诚实守信道德模范”之一。给他的点评为：没有炒作，没有创新，没有秘方，只有良心，只有诚信，只有责任。

刘洪安为什么能获得如此殊荣？这一切源于2010年，三十岁的刘洪安接手一个早餐店。最初炸油条，他也曾为了省油，把油底留到第二天再循环使用。

后来，他通过媒体得知：如果食用油反复加热就会产生大量对人体造成很大危害的有害物质。那之后，他就决定在炸油条的时候，每天一定要坚持用新油，坚决不用复炸油。为了让顾客放心，不仅挂出“安全用油，杜绝复炸”的标语，还提供地沟油、复炸油的验证方法和“验油勺”，欢迎顾客监督。他向新老顾客承诺，如有疑问，欢迎随时查验。本店油条用油是一级大豆色拉油，是从植物油公司批量购买的，保证油条用油每天都是新油，不含一滴复炸油。刘洪安说：“良心油条”技术含量不高，谁都可以做，就看愿不愿意做。可能有人会问，“良心多少钱一斤？”，制作“良心油条”会亏本吗？刘洪安用实际行动给出了答案：想要做良心生意，长远看付出实际不用太多，不但不会赔钱，还会赚钱。只要守住道德底线，生意不但不会变差，甚至会更好，因为消费者都想吃到健康有保障的食品。

“油条哥”的“良心油条”不算什么大事业，但他诚实守信的经营之道是商家的立身之本，是商家得以长远发展的源泉。作为商家，要将不守诚信、蒙昧良心予以摒弃，做到坚守诚信准则，拒绝欺诈，生意才会长久。商家的“职业道德良心”是食品安全中的必备“添加剂”，每个食品生产经营者都应该做“良心哥”或“良心姐”，在每次食品生产经营活动中都应该注入足够的良心，每一种食品都应该成为让消费者放心食用的“良心食品”。

如果每一个商家都足够自律，有对职业道德底线的自觉坚守，食品安全中有足够的职业良心，那么，食品安全的风险系数将大大降低，公众的满意度和放心度将极大地提高。如果每一个商家能做到“我为人人”这样的良性循环，未来也会享受到“人人为我”，形成一个良好的商业运行气候。“油条哥”刘洪安用最淳朴、最简单的方式把看似不起眼的油条摊的“良心油条”“炸”出了食品安全的本原，“炸”出了消费者期待的食品安全境界。这种境界正是不少商家努力求索的，也正是消费者翘首渴盼的。

我爱我在

任务要求建议：

1. 你能接受小摊小贩用复炸油炸油条或者其他油炸品吗？
2. 你认为“油条哥”刘洪安的做法对推动食品安全走向正轨有影响吗？
3. 对未来工作中可能遇到的餐饮业使用地沟油、复炸油等，你会如何对待？
4. 搜集身边的不良商家都有哪些具体做法，你怎么看待？
5. 我们作为未来的餐饮从业者应该做些什么？

形式建议：分析简报、案例分享（辩论）、手抄报等。

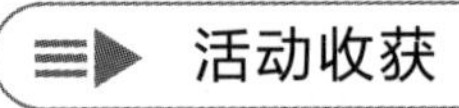

活动收获

我的同伴

我的对手

我的老师

我对自己

评价内容	评价标准	评价(分值:20 分)
内容选择	内容合理,紧贴实际	
观点呈现	理例结合、观点明确	
学习过程	积极主动,形式新颖、要点清晰	
语言表达	语言生动流畅,表述合理、准确	
时间掌控	时间控制合理	
亮点		
我的建议		

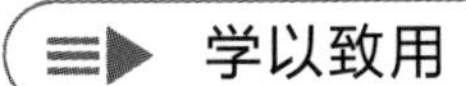

一、活动主题

身边的良心厨师。

二、活动内容

利用网络、图书等工具，查找、了解、观察生活中餐饮业相关案例和内容，深切体会诚实劳动、忠诚奉献的良心厨师与不良厨师的不同做法与我们切身利益的紧密联系，提升自我保护意识与社会公德心。

三、活动目标

（1）明确实习实训规范，养成诚实劳动、忠诚奉献的习惯。

（2）检验自己的利用工具检索信息的能力。

（3）训练自己的沟通与协作能力。

在线答题

四、活动过程

（1）明确任务内容　以小组为单位，讨论忠诚奉献精神对自己职业发展的影响；搜集身边不良商家的案例，分析其对我们生活的危害和风险；开展批评与自我批评，反思自己在专业实训过程中有无不当行为。

（2）分工明确合理　组内分工明确，成员各司其职，协作完成。

（3）特色成果分享　以小组为单位撰写一篇调研报告，并以电子演示文稿的形式在课上分享汇报或者在班级微信群内交流分享。同学之间互评，教师点评。

（闫雅娟）

第五课时

守承诺　优服务

学习任务

很多餐饮企业成立之初都秉承着信守承诺优质服务的原则和口号，然而，随着同行竞争而不断追逐经济利益最大化，企业的经营初衷便逐渐淡化甚至彻底丢掉。这个似乎人人皆知的企业经营原则却成为很难实现的企业发展目标了。作为餐饮行业的职业人，信守承诺优质服务更是厨师必备的职业道德，只有深刻理解“顾客是上帝”，诚心诚意地为顾客奉上最优质的服务、最美味的菜品，才会让企业的效益得到提高，让厨师得到职业发展！

学习目标

（1）能够认识到诚信是立人兴业的根本。

（2）提高信守承诺意识，主动提高服务他人的能力。

（3）能够站在顾客的立场上思考问题，乐意为顾客提供优质服务。

案例导引

从稚嫩的学徒工，到名满齐鲁的烹饪大师，40 多个春秋，在锅碗瓢盆的交响中和珍馐美味的荟萃里，他最为骄傲的不是厨艺的精进、不是荣誉的增长，而是“敬业为本，诚信是天”的人生追求，从懵懂到自觉，从自觉到坚守，他始终不渝，一以贯之。他，就是山东省优秀共产党员、烟台市非物质文化遗产蓬莱小面传承人、蓬莱市 2015 年诚实守信道德模范王福禄。

王福禄是土生土长的蓬莱人，1958 年出生于西关村一个普通的农民家庭。因为家庭条件贫困，16 岁到县招待所当学徒学厨艺。当时他每天第一个到厨房，扫地、擦台面、择菜、洗菜、磨刀、劈柴火、烧开水、给师傅提前泡上茶，天天如此，甚至给师傅洗工作服、刷鞋……后来，整整过了一年，师傅看王福禄还挺勤奋，就开始教他学习鲁菜，也传授蓬莱小面的制作技艺。王福禄对小面的制作技艺有浓厚的兴趣，除了每天勤练手艺，他还走访了许多做小面的名家，虚心向他们讨教，对蓬莱小面制作、心得经验以及在各个乡镇的发展状况、特点，一一搜集、整理。取人之所长，补己之所短。

王福禄能够第一次独立摔面出锅盛碗出售时，师傅没先表扬，而是到顾客中间挨个询问小面摔得好不好吃，斤两够不够，卤开的怎么样……王福禄则躲在后厨忐忑不安地等待着评价，听到

顾客都说挺好，这才放心。但师傅对顾客的问询，让王福禄感悟很深：那就是要做良心菜，拉良心面，买卖公平公道，绝不偷工减料、粗制滥造，任何时候不能欺骗顾客。

今天，王福禄有了自己的独立事业，但依然不忘初心，那份坚守诚信的执着，那份钻研创新的激情，反而愈加深厚。每天早上班晚下班，已成习惯，检查指导、查漏补缺酒店各方面的工作。为了保障广大顾客的切身利益，在采购原料方面，王福禄特意做了标尺卡模，用来测量海参、鲍鱼等海珍品。确保每个海参、鲍鱼的个头符合尺寸，保障每位消费者的权益。

蓬莱作为旅游城市，餐饮价格随淡旺季调整是一种普遍现象。但是，王福禄偏要拧着干。他始终坚持淡季、旺季一个价，本地客人、外地游客一个价，从不投机取巧、欺客宰客。王福禄坚持做良心菜，绝不偷工减料、粗制滥造。有一次店里的厨师长贪图便宜，在市场购买了一批冰冻黑鱼做小面，王福禄发现后火冒三丈，把价值几千元的鱼全部扔掉，并当着全体工作人员的面狠批厨师长。还有一次，上海王先生到蓬莱出差，在餐厅点了一份标价 120 元/例的葱烧海参。佳肴上桌后，王先生发现盘里摆着 10 个海参，他心里犯嘀咕了，立马叫来了服务员问道："这份海参是一个 120 元，还是一盘 120 元呢？"服务员立刻明白了王先生心里的顾虑，解释道："您放心吧，是一盘 120 元。"王先生对酒店的诚实守信大加赞赏，从此将酒店定为长期的合作伙伴。

同行们都说他傻，放着能赚的钱不赚，有省钱的路不走。但是就是他这份傻，让他获得了消费者的认可。从业 30 年来，他没有接到一起投诉，也得到了众多餐饮企业的尊重。他先后被蓬莱阁大酒店、鲁粮宾馆、紫荆山宾馆、淄博海味酒店等 12 家大型餐饮企业聘为餐饮经理、技术顾问或是技术总监。2008 年，他被推选为蓬莱市烹饪协会会长，他如今经营的仙海情缘大酒店连年被评为烟台市守合同重信用企业。说起这些，王福禄认为，是"敬业为本，诚信是天"的追求和承诺，使他和他的酒店赢得了社会各界的认可。

在工作中，王福禄总是不断地提醒自己：敬业为本，诚信是天。为了教育警醒广大员工，王福禄把这句话做成牌匾悬挂在大厅门栏上方醒目处。公司每月都组织企业管理层、办公室、市场营销部、服务部员工参加一次职业道德教育、经营管理理念、顾客服务培训等方方面面的活动，切实提高了员工道德素质和服务水平，树立了酒店良好的社会形象。

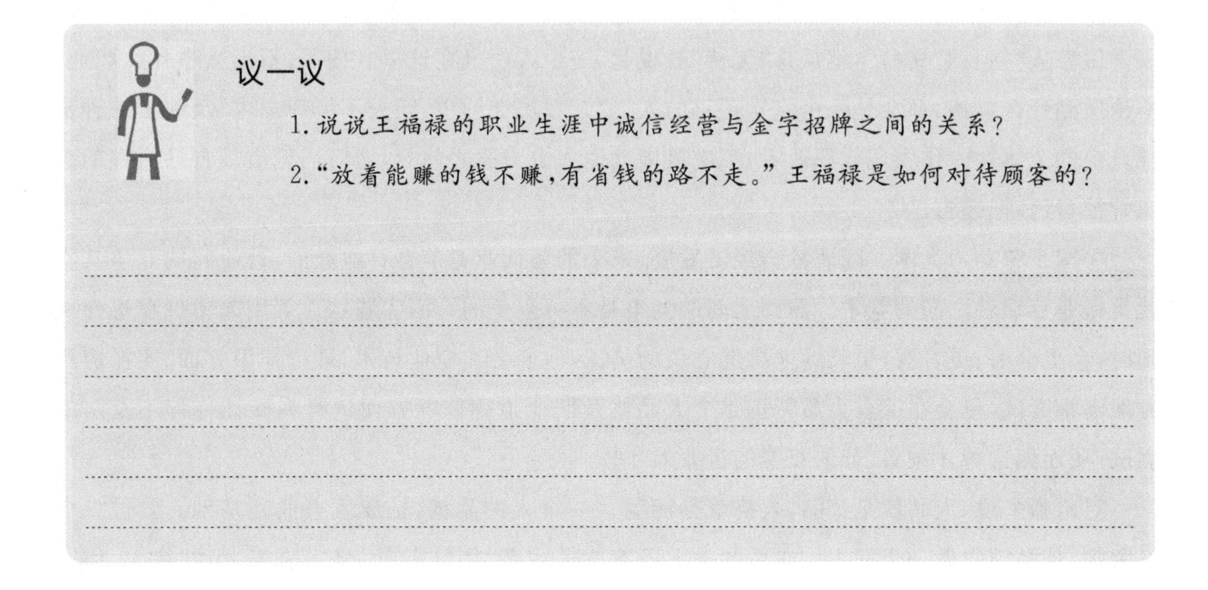

知识积累

朴实勤恳的老工匠称自己的手艺和工具为“吃饭家伙”，这样精炼地道出了作为老工匠最朴素、最基本也是最崇高的职业艺人品行。“吃饭家伙”能让全家老小活命，能让生活有着落，这是对老工匠身上的技艺的最高敬意！现代人所提倡的“工匠精神”，其本质与核心就是勤勤恳恳、亲力亲为、注重承诺、求真务实。

一、辕门立木，示真心

（一）一句承诺一世情

中国的传统思想中对于个体的精神自由向往，有深刻的蕴意。如儒学“我善养吾浩然之气”，强调责任感、使命感、担当意识。禅学“自信、自肯、自得、自在”都有许多值得发掘的宝贵资源。就如曾国藩给自己写的座右铭“不为圣贤便为禽兽，莫问收获但问耕耘”，莫问收获，不是不要收获，而是种子撒在地里，它自然会生长，长到最后自然有收获。在它生长的过程中，你的浇灌、施肥、管护，会使它茁壮成长，才会带来收获的喜悦。现代人也如此，一举手一投足，一言一行，都表现了自己的做事法则和做人标准，在一时一日，一日一年的生活实践中，体验人生的精彩，就像陶渊明一样领略到“采菊东篱下，悠然见南山”的境界与情怀。

厨师，是有着几千年传统的职业。随着社会不断地发展，人民生活水平的不断提高，餐饮业日渐繁荣，厨师伴随着一道道美食及贴心的服务走到了人们面前。他们拥有高超的厨艺、传播着历史悠久博大精深的饮食文化、传承着一辈辈厨师艺人善良踏实勤劳的行业工作品格，给人们奉献美食，给社会奉献财富，给民族奉献文化传承。厨师这一职业，在人们印象中必须是踏实肯干，合作协作，吃苦耐劳，乐观善良，恪守道德的。随着社会的进步和经济的发展，更要求现代厨师必须懂得诚信为立身之本、兴业之道，维护好自己的职业品行，维护好行业的良好声誉。

（二）一生守候一颗心

孔子说：“三军可夺帅也，匹夫不可夺志也。”“帅”之所以“可夺”，是因为它“有待”。任命你做“帅”的人不再任命了，你这帅就被夺了；你率领的三军被打垮了，你这帅也就被夺了。“志”之所以“不可夺”，是因为它“无待”。只要有志者自己不放弃，任何外部条件的改变都不能夺走它。儒家学说教人“立心”“立命”，就从这“无待”处说起，一个人一旦在这里立住了，不论从事什么职业，不论遭到什么境遇，都会是一个堂堂正正的人。“三军可夺帅也，匹夫不可夺志也”反映了一种精神自由的个体性。作为现代职业者，不应该借助他人之力驱之使然，而应当凭借其自己内在的意识管控自己，把握自己。

中国是劳动力大国。随着社会经济发展，未来的餐饮业竞争会日益激烈，行业间的竞争其实就是行业劳动者之间的竞争。厨师之间的竞争是不可避免的。酒店餐饮业等用人单位在选择厨师时，会更全面、更客观、更长远地挑选心仪的员工，他们会在专业技术、理论知识方面、实操应用方面考核面试，更会在综合素质特别是个人品格及职业道德修养方面进行一些让你猝不及防的测试，从而甄选德才兼备、德艺双馨的行业人才！

对厨师来说，人品就是菜品，人格就是厨德。一个人的品德，是成就事业的基础。要做一个好厨师，就必须先做一个好人。在你的身上要有吃苦耐劳、团结奉献、恪守公德、坦诚待人、信守

Note

承诺、善良乐观等好人的品格。在家里是好儿女,在工作单位是好员工,好同事。

二、季布一诺,践真情

"国以民为本,民以食为天,食以安为先,安以质为本,质以诚为根",就是说,一个国家以人民为基础,人民又以食物为最重要(古人敬天畏地),而食品,要安全才能让人民吃得放心,食品安全哪里来的呢?要用质量来保证,质量好不好,这就要看制作者的诚信度了!

当代市场经济是交换经济、竞争经济,人们在进行经济活动中崇尚契约精神,笃信诚信经营。市场经济又是法治经济,人们用法律手段来维护市场经济活动秩序的同时,还需要发挥道德舆论的力量,运用诚信经营良心经商的道德觉悟及市场经济活动的评价指标,来维护良性健康的市场经济秩序。引导每一位市场经济活动的参与者都能够成为竞争中的守法者,成为一个诚信务实、严于律己的人。

(一)就个人而言

厨师的诚信律己,表现在职业的业务活动中,就是严格履行合同契约。要说到做到,信守承诺,不说大话,不说谎话,不弄虚作假,不偷工减料,不以次充好,重合同守信用,是"道"与"义"结合。中国传统文化讲"体、相、用","体"是指内在素质,核心是信仰;"相"是指实践、表现、作为;"用"是指效果。就如孟子说:"鱼,我所欲也;熊掌,亦我所欲也。二者不可得兼,舍鱼而取熊掌者也。生,亦我所欲也;义,亦我所欲也。二者不可得兼,舍生而取义者也。"作为一名优秀职业者,在任何时候,身上都必须凸显一种求真务实、信守承诺的精神,这种精神体现为工作中的认真负责态度,对企业履职过程中的忠诚忠实精神,对待同事关系中团结协作真心善良的作风。

厨师的诚信律己,还表现在全心全意地服务顾客。作为服务行业的工作者,面对自己的顾客,力求用最好的技艺,最真诚的服务,最亲切的微笑为人们服务,让顾客在你这里感受到贴心的服务,热情的服务,舒适的服务。就如一位著名的成功人士说:"我宁愿住在只有破旧的地毯和简陋的环境里,也不愿走进只有豪华设施,却没有真诚微笑的地方。"面对来自五湖四海的顾客,他们的饮食习惯、个人爱好千差万别,作为服务者的厨师,要能够调整自己的制作方式,尽自己所能地让顾客满意你的菜品,只有当顾客得到了满意,获得了愉快的用餐体验,企业才能获得收益,赢得声誉,作为厨师的你,才能得到顾客的认可,受到企业的器重,自己的事业才能得到发展。

(二)就企业来说

就企业来说,就是要做到真诚服务、诚信经营。真诚服务顾客是一种社会义务,诚信经营是一种社会责任,企业在进入市场进行行业竞争的时候,首先要遵守的准则就是信誉操守,就如同仁堂的一句名言"修合无人见,存心有天知",进入社会并在其中立足,着力打造好企业信誉,赢得顾客好的口碑尤为重要。

真诚服务、诚信经营也是一种经营理念,企业在进行经营活动的时候要在企业运行上进行思想导航,一定要树立诚信经营的理念。在这样一个服务型社会,顾客至上的标杆已经立了很久了,如何切实行动就是经营者管理的职能范畴,只有真心诚意、细致入微的服务才能吸引顾客,因此真诚服务、诚信经营是行业生存发展的保证。

真诚服务、诚信经营还是一种发展需要,诚信是现代经济社会各个行业市场的普遍选择,建

Note

立良好的企业信用和企业形象，拥有良好的企业知名度都是企业经营利润收入增长的一个手段。正所谓“人靠衣装，佛靠金装”。无论是什么样规模的企业，真诚服务、诚信经营都是企业发展的“金装”，它可以让企业或者经营者走得更长远、长久。

实践探究

江某曾在武汉一家知名餐饮商贸公司旗下餐馆当厨师，在获得公司奖励的一套住房后，并未按合同约定连续工作10年以上。江某工作6年后离职，自己创业当起了老板。老东家不干了，以江某违约为由提出索赔。武汉中院二审判决江某需向老东家支付房款59万元。事件经过如下。

2009年5月，公司出资购买一套73余平方米住房分给江某使用。双方签订的《住房分配协议》明确约定：江某要为公司连续服务10年以上，服务期满后住房的处分权归江某所有。同时协议约定，若江某在服务期内违约，公司有权收回该住房。之后，公司将房屋直接登记在江某名下。

2010年12月，江某将房屋出售，获得69万元。2015年4月，江某离职，自己开起餐馆。公司认为江某违约，要求江某于当年6月30日前将卖房款退回公司。江某分三次将售房款中的26万元付给公司。公司起诉索赔。

法院审理后认为，双方签订的《住房分配协议》合法有效。江某未服务满10年即离开公司，按照合同约定还不享有诉争房屋的所有权和处分权，其离职时应当将房屋返还给公司，公司要求江某赔偿的请求合理。双方认可房屋市场价值为85万元，江某已向公司支付26万元，还应支付59万元，判决江某应向公司支付59万元。

江某不服提出上诉。武汉中院二审判决驳回其上诉，维持原判。

我爱我在

任务要求建议：

1. 江某的何种违法行为被法院判赔59万？
2. 你从案例中获得了什么启发？
3. 说说我们的学习生活中“讲究诚信”还表现在哪些方面？

形式建议： 通过案例分享、辩论的形式完成上述问题。

活动收获

我的同伴

我的对手

我的老师

我对自己

评价内容	评价标准	评价(分值:20分)
内容选择	内容合理,紧贴实际	
观点呈现	理例结合、观点明确	
学习过程	积极主动,形式新颖、要点清晰	
语言表达	语言生动流畅,表述合理、准确	
时间掌控	时间控制合理	
亮点		
我的建议		

学以致用

一、活动主题

寻找诚信经营承诺书。

二、活动内容

寻找诚信经营承诺书,讨论作为厨师,诚信经营的表现有哪些行为?

三、活动目标

让诚信经营深入人心。

餐饮企业常见违反诚信经营的行为

在线答题

四、活动过程

(1) 以小组为单位,利用网络分头寻找餐饮企业诚信经营承诺书,将认为有用的条文摘抄下来。

(2) 思考讨论作为后厨厨师,在食品制作过程中怎么体现诚信。

五、成果展示

小组讨论并完善各承诺条文,汇总编排并制作成电子演示文稿进行汇报展示。

(宋春玲)

Note

第六课时

恩养德　贵以诚

学习要求

菜品如人品，做菜如同做人。烹饪行业就是一个良心行业，所以烹饪行业必须做好自己，讲诚信。作为一名厨师，要注重自己厨德的培养，学会感恩，把诚实真诚的品德修养和优良职业传统继承和发扬下去。

学习目标

（1）在继承和发扬烹饪技艺的同时，理解感恩、诚信、真诚的重要性。

（2）能在学习烹饪技术的同时，有意识地培养自己的感恩心态和诚信意识并能践行。

（3）无论在生活中还是工作中，要时刻怀有感恩之心、诚信之德。

案例导引

赵嘉祥，首批中国烹饪大师、烹调高级技师、国家特一级烹调师、天津市烹任大师。现任天津狗不理集团公司董事长，集团支柱企业狗不理总店、狗不理大酒店总经理。

赵嘉祥出生于一个贫寒的家庭，16岁时进入了“狗不理”当学徒，拜名厨由芝炳为师。他靠着自己的努力和勤奋，练就了一身的绝技绝活，其后，他又得到了天津二十世纪六十年代名厨魏天成、张尚志、韩世文的指导，技艺愈发纯熟。他的“大翻勺”海底捞月技法，能将菜品从勺中抛出1米高，再侧身将菜品收回勺中，而菜形不变，堪称中国烹饪独门绝技。50余年来，赵嘉祥凭借着对烹饪事业的爱，将毕生精力和智慧奉献于烹饪行业，为祖国饮食文化的发展和传承做出了重大贡献，是一位有技术、会经营、善管理的烹饪艺术家。

“菜品如人品，做菜如同做人”，这是赵嘉祥大师常挂在嘴边的话语，也是教育身边徒弟的格言。赵嘉祥在从事厨师生涯的五十年里，始终将厨艺与厨德、做菜如同做人的道理联系在一起。他还带出一批批卓有成就的职业经理人和烹饪大师，他的师训先学做人、后学手艺，让众多年轻人受益匪浅，而那句“带着感情上岗，决不让一个病菜走出厨房”更是掷地有声，令同行折服。

赵嘉祥大师常常告诫他的徒弟，做厨师一定要“三高”：高超的技艺源自扎实的功底；高深的厨理源自努力钻研自己的专业；高尚的厨德源自胸怀和对客人负责的态度，要用感情做菜，要把感情送到客人的餐桌上。

议一议

采访你熟悉的烹饪专业的老师，请他谈谈他自己或者他的师傅从业这么多年，是如何心怀感恩，做到诚实守信的？

知识积累

在中华民族五千年的历史长河中，我们的祖先历经沧桑，创造了人类发展史上辉煌灿烂的中华文明，留下了很多传统美德。感恩是中华民族的传统美德之一。“滴水之恩当涌泉相报”。我们每个人都应该学会感恩，在学习、生活、工作中对真诚帮助自己的人奉献自己的爱心。应认识到，赠人玫瑰，手有余香。相反，如果人与人之间缺乏感恩之心，必然会导致人际关系的冷淡。除了感恩，诚信也是中华民族的传统美德之一。“一诺千金”“人而无信，不知其可也”的佳话不绝于史，广为流传。诚信是公民道德的基本规范之一，是一种社会价值观和道德观，又是一种世界观。对于自我修养、交友、经商、从政，诚信不可缺少。倡导诚信，传承文明，无论是对个人还是对社会都具有十分重要的作用和意义。

一、学会感恩，不忘感恩

“感恩”是个舶来词，是乐于把得到好处的感激呈现出来且回馈他人。“感恩”是一种对恩惠心存感激的表示，是每一位不忘他人恩情的人萦绕心间的情感。“感恩”是一个人不可磨灭的良知，是一个人与生俱来的本性，也是现代社会成功人士健康性格的表现。

（一）感恩的重要性

1. 感恩是至高的人生智慧　感恩是一种处世哲学，是生活中的大智慧。懂得感恩是一个人最起码的道德品质，能知感恩也是懂得真善美，分辨是非最起码的觉悟要求。“感恩”不仅是一种情感，更是一种人生境界的体现，永怀感恩之心，才能从各个方面获得更大的情感回报。学会感恩才会正确地认识自我，进行清晰的人生定位。因为每一个个体都是非常渺小的，吃、穿、住、用、行，无一不是他人的支持，一个人不可能独立生存于人世间。

2. 感恩的人积极进取　懂得感恩的人，既珍爱顺境，也珍爱逆境和苦难。在感恩的人看来，逆境是老师，能够教会自己智慧和经验，值得从中反思，所以不但不埋怨，反而会视为锻炼自己的机会。所以应时刻提醒自己，心怀感恩，珍爱一切。经过的那些事，无论成败难易，不一定再经历；遇过的那些人，无论爱恨亲疏，不一定再遇到。

3. 感恩是巨大的人生力量　当我们怀着感恩的心生活在这个世界上的时候，我们的心底才会产生爱，才会对于我们享受到的一切予以尊重和珍惜。感恩的人坚强、自信、健康。因为感恩的人珍爱人生的逆境，看淡一切不幸甚至灾祸劫难，自然坚强无畏，所以感恩带来坚强；感恩的人以苦难为师，心中会永远看到希望，所以感恩带来自信；感恩的人心底坦荡知足，少私欲杂念，睡能安睡，醒时心静，身心和谐，所以感恩带来健康。

（二）学会感恩

1. 施恩不图回报，受恩不忘报恩　感恩不应该仅成为一次性举动，那样的感恩就会成为走形式，以为感恩只是一次任务而已。感恩的本质是尊重和珍惜，因此具体的尊重和珍惜比物质回报更重要。所以，在需要感恩的对象前，我们要遵循“勿以善小而不为，勿以恶小而为之”的原则。

2. 感恩要尽力而为　感恩从孝顺父母做起，感恩从尊敬师长做起，感恩从遵从师傅做起，感恩从帮助过的你的每个人，每件小事做起。力所能及地从现在做起，而不是留待他日。感谢父母，他们给予你生命，抚养你成人；感谢老师，他们教给你知识，引领你做“大写的人”；感谢朋友，他们让你感受到世界的温暖。

3. 感恩要舒服适度　某种意义上来说，无论什么情绪、思想、行为都要适时适度。感恩也要适度，无论是以什么方式感恩，都要讲度，留有余地。有的人，因为别人为自己做一件小事，就感觉自己欠下好大人情，非要十倍还清不可，那样其实是给别人增加负担和压力。

4. 感恩要真诚报答　有感恩的心就是要有尊重与珍惜的心，感恩就是带着一颗真诚的心去报答别人。在面对重要人和物的时候，在最重要的时刻，做最重要的事。如果尊重，我们就不会胡来。如果珍惜，我们就不会浪费。如果人人那样做的话，这个社会就有希望。如果再加上奉献，人类的和谐发展与进步就有希望，个人的持续发展才有希望。

人们常说，妈妈做的菜永远是人间最美味的。感恩我的厨友和同事们，那是与生俱来的缘分。懂得什么叫失去，才知道应该珍惜。感恩大自然赋予了我们丰富的食材，感恩上天的馈赠，没有这些食材，厨师再有能耐，也是巧妇难为无米之炊。感恩我的家人给我平日里的陪伴与温暖。还要感恩伤害过我的人，你让我懂得了坚强，懂得了压力，知道了自己的弱点，激励我更快地成长。还要感恩智能科技进厨房，让我不再那么劳累，让烹饪更快乐。我还要永远感恩我的顾客，你是我永远的上帝，我的衣食父母，期待你永远的惠顾，永做我的回头客。

二、传承传统，贵在诚信

（一）诚信守护真诚

真诚老实，就是忠于事物的本来面貌，不隐瞒自己的真实思想，不掩饰自己的真实感情，不做假，不说谎，不为不可告人的目的而欺瞒别人。就是信守承诺，讲信誉，讲信用，忠实于自己承担的义务，答应了别人的事一定要去做，忠诚地履行自己承担的义务是每一个现代公民应有的职业品质，是厨师职业道德的根本要求。厨师在实际工作中，要以诚相见、不弄虚作假，不糊弄顾客，不以欺骗的手段获取经济利益，做到货真价实、买卖公平，以获得良好的经济效益和社会效益。

（二）诚信贵在诚

1. 诚信是立身之本　国家之间丢失了诚信，会影响外交，企业之间丢失了诚信，会影响企业

的信誉度、名声和项目的合作，而人与人之间如果丢失了诚信，就丢掉了做人的根本。别人会认为你是一个不真实的人，不可信的人。人们的相互交往中，相互信任是相处的基础，是中华民族传统美德的一个重要规范。随着时代的不断发展和变化，"诚信"也不断地被赋予体现时代精神的新内涵。

孔子认为，人而无信，不知其可也，大车无輗（古代大车车辕与横木衔接的销钉），小车无軏（古代小车车辕与横木衔接的销、钉），其何以行之哉！意思是说，一个人，如果失去诚信，就像车子没有销钉一样，是一步也不能行走的。在社会生活中，"信" 是一个人的立身之本，失去信也就失去了做人的基本条件。"诚"和"信"作为立身处世的基本道德要求，既是一种道德信念和道德品质，也是每个公民的道德责任，更是一种崇高的人格力量。

2. 诚信是立业之基 各行各业之间的竞争，最核心、最根本的竞争就是质量和信誉的竞争。对一个企业来说，它是一种品牌，一种形象，是企业兴旺发达的基础；是企业的立身之本和一种无形的资产。当前，诚信缺失、道德滑坡助推了中国的食品安全问题。投毒式的生产加工已经是业内的潜规则。诚信的严重缺失和道德的严重滑坡成为食品问题的根源。因此重建基本信用特别是生产者的道德准则，不断完善法律法规，让道德败坏者受到社会的唾弃和法律的严惩，食品安全才有望得到切实保障。

3. 诚信是道德教育的基本立足 "职业道德"总的要求是"爱岗敬业、诚实守信、办事公道、服务群众、奉献社会"，而"诚实守信"是职业道德规范的"立足点"。在公民道德建设中，把"诚实守信"融入职业道德的各个领域和各个方面，使各行各业的从业人员都能在各自的职业中培养诚实守信的观念，忠诚于自己从事的职业，信守自己的承诺，至关重要。

4. 诚信是经济秩序的基石 近年来，好多食品安全事故让一些名牌企业一失足成千古恨；有的企业忙着道歉，有的企业则忙着遮掩，而有的企业从此一蹶不振。"民以食为天"，中国，美食之国；中华民族，最关心"吃"的民族，却对食品安全失去了信任。这些经济问题反映的是更深层道德问题，这些道德失范现象，归根到底，与生产者、经营者失去了"诚实守信"的道德底线有着重要关系。生产者和经营者应言行一致，以老老实实的态度来履行道德规范要求。

作为一名厨师，干的就是服务业，做的就是为顾客服务。让顾客吃到最好的菜，带着满意离开才是一个好厨师应该做到的，温暖自己的同时温暖别人，让我们的生活多姿多彩。

（三）继承传统的诚信观

1. 抛弃功利主义思想，正确认识诚信 现在的很多人对诚信的认识是错误的。其中一部分人并没有把诚信看作是人的一种内在需求，而是当成一种生财之道，还存在一定程度的功利思想，这显然是与我国古代传统诚信观的要求背道而驰的。守好底线，在涉及利益冲突问题时，诚信守则要求我们站在多数人利益一边，不能因小失大；在眼前利益与长远利益冲突时，诚信守则要求我们站在长远利益一边；在情与法冲突时，诚信守则要求我们站在法律一边，要维护法律的尊严。

2. 诚信的"善"，在于追求诚信的正价值 传递正价值是中国传统诚信观的基本准则，激发正能量是当代诚信观应该传承的内涵。诚信之所以千百年来都是中华民族的传统美德，是因为诚

信这种美德是与“真、善、美”等高尚情操紧密相连的。在生活中，人们只有对他人展现出自己的善，才能得到他人的尊敬和信任。

3. 契约诚信与道德诚信要相结合 现代诚信不仅要有表面上的契约诚信，还要有传统诚信精华的道德诚信作为内在支撑。契约是经过双方或多方协议认同并承诺遵守的行动规则。契约使诚信制度化、法制化，对不守信的人予以惩罚。它扩大了诚信的范围，打破了以往在地域上、血缘上的限制，任何个人、组织、国家之间都可以建立广泛的诚信。具体来说，就要求我们做到以下几点：言而有信，一诺千金；对人守信，对事负责；践约守信，努力兑现诺言；认真面对每一件事，把做事与做人有机地统一起来；坚持诚实，以诚待人；坚持实事求是，尊重客观事实。

在当今社会，作为青少年，我们要做到心怀感恩，传承诚信，身体力行。世界上最难的事情，就是怎样做人、怎样做一个好人。要做一个好人，就要有品德、有知识、有责任，要坚持品德为先。要学会做人的准则，就要学习和传承中华民族传统美德，学习和弘扬社会主义新风尚，热爱生活，与人为善，懂得感恩，明礼诚信，争当学习和实践社会主义核心价值观的模范。

实践探究

孙志强是某校一名烹饪专业的学生，他到酒店实习已经有一段时间了，他是个性格内向的孩子，平日里不言不语，和师傅们相处平安无事。但是，这几天孙志强有些苦恼又不知该向谁诉说。事情经过如下：和孙志强同班次的是个三十多岁的师傅，业务能力很强，对小孙同学也特别照顾，耐心地教授他一些技艺。可是有一天，师傅把加工中没用完的海参装在口袋里，用报纸包严后偷偷装在了随身带的书包里，下班后拎回了家。还有一次，师傅在做菜时故意偷工减料，剩下了一大块上好的牛肉，临近下班时神神秘秘地包好交给孙志强，并小声嘱咐他带出酒店大门后在车站等他。孙志强一下子蒙了，不知如何是好。犹豫着接过纸包，既紧张又害怕。孙志强一路忐忑地走出饭店大门，直到把那包东西交给师傅，他的心还在怦怦跳。有了这些经历后，孙志强每次看到师傅时都躲躲闪闪的，他担心：如果师傅还找我做同样的事我该怎么办？

妈妈从小就教育他要诚实正直，可是师傅的话又不敢不听，孙志强不知如何是好。

我爱我在

任务要求建议：

1. 如果这事发生在你的身上，你会怎么办？
2. 诚信缺失对个人会产生什么影响和后果？
3. 我们作为未来的餐饮从业者应该怎样做到诚信？

形式建议：观后感、分析简报、课堂分享交流等。

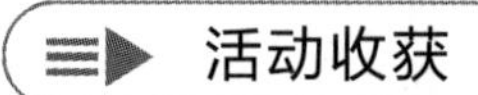

活动收获

我的同伴

我的对手

我的老师

我对自己

评价内容	评价标准	评价(分值:20分)
内容选择	内容合理,紧贴实际	
观点呈现	理例结合、观点明确	
学习过程	积极主动,形式新颖、要点清晰	
语言表达	语言生动流畅,表述合理、准确	
时间掌控	时间控制合理	
亮点		
我的建议		

学以致用

一、活动主题

制作感恩墙。

二、活动内容

想一想生活中你有哪些感恩的时刻和感恩的故事，与大家分享，并在小组间互相讨论。

三、结果呈现

将感恩故事在彩纸上写下来，贴在班级的感恩墙上。

（高芳）

在线答题

Note

模块四

践匠行

□ □ □ □ □ □ □ □ □ □ □

匠行是端正心态，定好目标，躬行践履，合规守法，合作共赢的实干精神和时不我待的实践行动。

第一课时

行有度　技无疆

学习任务

现代生活中人们对食品质量的要求很高，食品安全问题是人们极为关注的问题之一。不断发生的食品安全事件和问题时刻提醒着这个问题的重要性。了解食品生产全过程中影响食品安全的要素，掌握食品安全生产的要领，提升遵规守法的意识和能力，增强行业从业者道德操守、职业能力及社会责任感，既能够满足从业者的自身发展需求又能够满足消费者的愿望。

学习目标

(1) 了解食品安全生产的基本知识和法规要求。

(2) 掌握防范食品安全事件的要领。

(3) 树立遵纪守法和严谨工作的意识。

案例引导

案例一：

某知名火锅企业董事长一语成谶。他预感到了企业快速扩张中面临的挑战。“五年以后，我们企业有两种可能性。第一种可能性是不行了，管理跟不上，肯定完蛋。第二种可能性是活下来，那五年后一定面临国际化的问题。”他当时如此说道。该火锅企业的“后厨危机”果然来了。有媒体暗访该火锅企业劲松店、太阳宫店发现，后厨的配料房、上菜房、水果房、洗碗间以及洗杯间都发现了老鼠出没，甚至有员工直接用火锅漏勺清理下水道垃圾。事件曝光后，该火锅企业微博及时发布了致歉信和处理通报，并且在国家食品药品监督管理总局（现国家市场监督管理总局）通告整改、后厨开放等要求下，该火锅企业进行了后厨改造，以及员工管理机制的调整。许多餐饮人都没想到该火锅企业会遇到如此大的食品安全危机。

案例二：

老陈父子在辖区一处疏导点经营一家早点铺。为了让包子卖相更好，吃起来口感更蓬松柔软，他们将含铝泡打粉添加到所售的包子、馒头中。2016 年 9 月初，其所在区市场监督管理局印发《有关食品禁止添加硫酸铝钾和硫酸铝铵（泡打粉的两大主要配料）告知书》，明令告知辖区早点铺，不得在小麦粉及其制品中使用硫酸铝钾和硫酸铝铵。当时，小陈在告知书上签了字，并特

地转告了父亲老陈，但这样一份“禁铝令”没有引起父子二人的重视。在执法人员进行抽检时发现，老陈父子的早餐店里仍然在使用含铝的泡打粉，并于当天查获了添加含铝泡打粉的包子384个。后经鉴定，送检包子中铝的残留量为412 mg/kg，可以认定“含有严重超出标准量的其他危害人体健康的物质”的情形。最终人民法院以生产、销售不符合安全标准的食品罪，分别判处两名被告人有期徒刑七个月，缓刑一年，并处罚金五千元，还要向社会公众赔礼道歉，支付销售价款10倍赔偿金21000元。

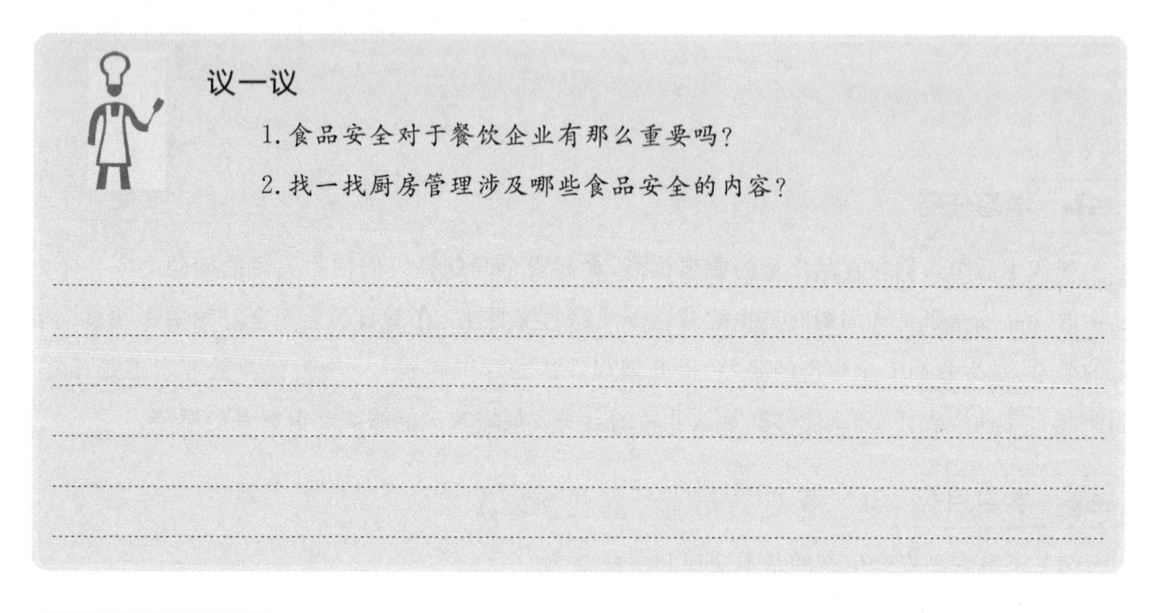

知识积累

人的一生可能最大的事情就是“吃”这件事了，民以食为天，吃喝是人的自然生活方式，吃饭也是人类最大的事情。食品是人们赖以生存和发展的最基本物质条件。食品安全关系到人们的生存、生活、繁衍生息，关注食品安全就是关注人们的生命和健康，因此，对食品安全问题的关注提到多高的高度都不为过。

一、食品安全重于泰山

现在的人们总是想着把日子过得精致一点，饭菜做得可口一点，菜式做得好看一点，这体现着对人生的态度，对生活的尊重。我们的先哲孔子作为一个美食家在《论语》中，特别是《论语·乡党》中对“食”论述有二十几条，其中“食不厌精，脍不厌细”，这是中国人对饮食第一次有了精品意识。孔子重视食品安全，提出“食饐而餲，鱼馁而肉败，不食。色恶，不食。臭恶，不食”，讲究不吃腐烂变质变味的食物，对烹饪火候，孔子强调“失饪，不食”，拒绝食用火候不到或者太过的食物。孔子的饮食观赋予“吃饭”庄严的仪式感，成为中华民族博大精深的饮食文化的重要内容。

（一）守紧食材选购、储存的安全大门

对材料的选择、购置、管理和加工是食品安全的核心问题。在材料选购的过程中出现了问题，势必会对最终的产品产生重大的影响，甚至会出现严重的食品安全事故。材料的质量和安全是食品安全的重要源头之一。“没有规矩不成方圆”，如果没有严格的材料选购收储使用的安全生产制度，就无法对采购员、质检人员、后厨加工人员进行必要的监督和控制，也无法形成自律的

制度基础。

(二)严格管理食品安全生产各环节

厨房食品安全工作具有内容复杂、环节繁多等特点,保证和提高食品安全质量,科学有效的管理就显得十分重要。厨房就相当于一个小小的“食品加工车间”,这个加工车间同样会存在食品安全问题。如生产加工过程的交叉污染、操作环境脏乱、使用添加剂不符合规定标准等问题。另外,良好的个人清洁与卫生对于每一位餐饮行业的人员都是十分重要的,卫生标准执行情况也是自身职业素养的体现。一个没有好的卫生意识和习惯的人也不可能把真正的“美食”奉献给消费者。因此,从业者需要培养良好的质量安全、严格的制度管理、正确的规范执行操作意识和行为习惯。

(三)慎用食品添加剂

食品安全是现在大家普遍关心的问题。“食”字由一个人和一个“良”字组成,就是要告诉从业者要做有良心人,做良心吃食;“品”字由有三个口组成,可拓展为“厨德”“诚信”“众享”的精神,而非“易粪相食”。食品添加剂就是一个让大家又“爱”又“怕”又绕不开的问题。

食品添加剂的使用,在当今社会极大地满足了人们多样化的食品需求,有着诸多的优势,但是,不断爆发的食品安全事件,例如三聚氰胺奶粉、红心鸭蛋、面粉增白剂等等这些事件与问题都与食品添加剂的违规使用有着直接的关系,严重危害着消费者的身体健康和生命安全,依法合规、合理使用食品添加剂就显得尤为重要。

1. 食品添加剂的使用极大地促进了食品行业的发展,是现代食品工业的助推器 食品添加剂在现代食品生产与消费中具有重要的作用,给食品生产和消费带来了很多好处,用以满足不同人群的消费需求,提高经营者、生产者的经济和社会效益。它有很多的优点,有利于保持和提高食品的营养价值;有利于改善和提高食品色、香、味等感官性状;有利于防止食品变质,延长保质期和保存状态,能够降低成本;有利于增加食品生产的方便性和品种,更适用于现代食品加工要求等。

2. 超预期逐利使得食品安全事件频发 食品安全事件多是因不法经营者为了降低成本或者吸引关注和消费,违法违规使用食品添加剂造成的。问题集中表现在超限量使用食品添加剂,使用过期的食品添加剂,甚至将不允许使用的物质作为食品添加剂添加到食品中去,影响食品的安全性,危害消费者的健康与安全。

二、重治修德治事良方

“民以食为天,食以洁为先”,饮食的健康安全是民生之本。不断出现的食品安全事件,将整个餐饮行业的卫生安全问题推上了风口浪尖。食品安全和生产安全是所有从业者的两条底线,对底线的突破必然带来灾难性的后果。每一个从业者和即将从业的人都要有这两条底线的坚守意识,都要为坚守两条底线培养良好的职业行为习惯。

(一)遵守法规,贵在自觉

好学、乐学,提升食品安全知识和素养、强化食品安全重要性的认识,要增强学习意识。现在很多从业者没有相关专业学习培训的经历,没有接受过正规的食品安全教育,对食品安全的法

律法规知之甚少，不了解什么是违法、违规。社会的需求就是我们未来从业者进步的阶梯，抓住机遇提升对食品安全的认识，多学习有关食品安全的知识和法律法规，掌握食品安全生产的技能，提升食品安全意识，尤其是对依法合规意识和素养培养，养成自觉遵规的意识习惯，为将来的职业发展打下坚实的基础。

（二）提升意识，防患未然

防患未然就是要将食品生产安全规范牢记于心、认真执行，要增强安全生产的规范意识。对于饮食安全，不但需要法律法规的约束，更需要的是职业道德的自觉。烹饪专业学生要强化“饮食与道德”认同感，要在学习、培训的过程中不断提升食品安全意识培养、强化职业操守养成，防范风险、坚守安全生产责任。无条件履行餐饮从业者对消费者的饮食健康和安全的承诺。

（三）严守职业底线

每一个从业者都是食品安全的守关者，要增强从业者的底线意识。不断曝光的食品安全事件和问题反映出一些从业者为了节约成本与制作时间，采用料理包制作餐点的情况。卖家将料理包加热密封后以“营养午餐”“超值套餐”等名称，冒充现炒外卖通过平台销售给消费者的新闻，揭露了黑作坊生产料理包环境的恶劣，曝光了食用材料的劣质、偷工减料等问题，整个生产环境令人作呕，体现的是诚信的缺失、道德的滑坡，对法律、行规的蔑视。食品安全是职业底线，要提高从业者诚信与责任担当。从思想根本上去铲除滋生唯利是图、欺瞒坑骗的土壤。

（四）做好食品安全的守门人

餐饮从业者是食品安全的最后守门人，要增强责任意识。从业者要不断地学习和强化产品质量安全常识，提高产品质量安全责任意识，不断提升专业技能，提升思想道德、职业道德素养，养成良好的行为习惯，确保消费者“舌尖上的安全”。

（五）养成良好卫生习惯和意识

养成良好卫生习惯，提升健康意识对每一个从业者都是至关重要的，要增强素养意识。良好的个人习惯和意识是保证食品安全，提高食品质量的重要保障；是对从业者最基本的要求；是衡量从业者自身综合素质和修养的重要标准。

（六）强化制度管理认同

从业者落实食品安全重要性的认识与执行，要增强制度管理意识。从业者的主观愿望都是希望减少食品安全问题的发生，保障食品安全。国家和各地方以及行业协会制定和完善了相关的法律、法规和行业规范、标准。但是，面对诸多的食品安全问题，从业者在掌握、理解、实践相关法规、制度的要求上还需要进一步加强，通过强化职业活动过程中对“人”“事”“物”的监督与管理，保证法律、法规和制度的有效落实，构建有利于从业者职业发展的空间。

实践探究

吴乾经营着一家私房菜馆，为了打造出餐饮特色，没少花心思。吴乾创立了美食公众号，食客用手机扫描二维码关注公众号就可以在网上完成点菜下单、支付，即到即食；而且食客入店没有服务员服务，全部由食客自己动手。同时，他看到人们越来越关注食品安全的问题，更愿意亲

Note

自参与美食的制作，享受这个过程与成果。于是他利用美食公众号定期发布各种美食制作方法、养生之道以及生活小常识，还定期组织会员参加一些线下小活动，强化用户的体验，私房菜馆被打造成吃货聚会沙龙平台上线后，立刻成为当地吃货和家庭主妇热爱的美食频道，回头客天天见。

我行我秀

任务要求建议：

1. 你觉得吴乾的经营创意有什么特点？

2. 这种经营方式有哪些安全风险？

形式建议：分析案例，给出建议，可以阐述观点或做手抄报等。

活动收获

我的同伴

我的对手

我的老师

我对自己

评价内容	评价标准	评价(分值:20分)
内容选择	内容合理,紧贴实际	
观点呈现	理例结合、观点明确	
学习过程	积极主动,形式新颖、要点清晰	
语言表达	语言生动流畅,表述合理、准确	
时间掌控	时间控制合理	
亮点		
我的建议		

学以致用

一、小活动

我讲厨房食品安全。

二、活动内容

结合专业课和本课内容自选一个主题,依据食品安全生产的法律、法规、制度,结合实际工作案例或情境,向顾客、同行介绍食品安全知识以及从我做起、维护食品安全。建议利用网络、图书、企业培训手册、员工手册等工具,查找影响食品安全的因素,梳理从业者素质要求等内容。以小组为单位撰写一篇文章,并以电子演示文稿的形式宣传、交流。

三、活动目标

(1) 进一步了解食品安全生产的法律、法规、制度对从业者的素质要求。

(2) 检验自己利用工具检索信息的能力。

(3) 训练自己的沟通与写作能力。

四、活动过程

(1) 明确任务内容　通过正规出版书籍、官方网站、企业员工手册等查找对餐饮从业者的素质要求相关的内容,确保内容的真实性、准确性、权威性。

(2) 分工明确合理　组内分工明确,成员各司其职,协作完成任务。

(3) 特色成果分享　各组成果汇总成调查报告,并利用电子演示文稿的形式汇报。同学之间互评,教师点评。

(商连生)

第二课时

品珍馐　谨慎食

学习任务

人们生活水平的提高，对吃的要求也越来越高。嗜食的多样需求，多样丰富的食材，其中不免会接触国家保护、禁食的野生动植物。作为从业者应如何妥善处理？既要照顾到顾客对稀贵食材的探奇与品尝欲望，又要符合法律法规与餐饮行业自律要求，不断提升遵规守法和生态保护的意识和能力，增强厨师行业道德操守及社会责任感。

学习目标

（1）了解与餐饮有关的野生动植物保护的相关法律法规。

（2）能依据相关的法律法规，对嗜食野生动植物的行为进行正确判断。

（3）能按照行规、制度，对烹饪食材进行合规鉴别和选用，提升遵规守纪的自觉性。

（4）关注野生动植物保护，自觉维护野生动植物保护法规的权威性。

案例引导

他是一名厨师，但他又不是一名普通的厨师。多年来，他因拒烹野生动物而多次被“炒鱿鱼”。贫困潦倒之时，每天的生活费还不到两块钱，甚至连吃饭都成问题。可是，“保护野生动物”的信念让他坚定地一路走来。

他高中毕业后来到抚顺学习厨艺成了一名厨师。有一年春节回老家，他发现儿时那个雁嬉鱼戏的小村庄，混浊的河水鱼虾罕见，光秃秃的山上鸟无踪迹。他很诧异：“鸟和鱼怎么都没了呢？”母亲话中带气：“还不是都让你们做着吃了。”母亲这样说也是有原因的，当时，许多人都在以吃野生动物为时髦。

母亲的一句话，让他回味了许久。尽管作为厨师的自己没有烹杀过野生动物，但是，野生动物在减少已是事实。他暗暗告诫自己，一定做个不杀野生动物的厨师。在保护野生动物的道路上他也煎熬过，一段时间他工作过的地方，95%以上餐馆都经营野味。当时，野味对食客是时尚，对商家是暴利。而他因为拒绝烹饪野味，多次被饭店“炒鱿鱼”。

“那时候，工作换得特别频繁，有时一个月换好几家饭店，根本赚不着钱。最难的时候连吃饭都成问题，每天的饭就是馒头配咸菜，一天生活费最多不到两块钱。出去找工作连车都坐不起，

只能骑自行车或步行。”

因为坚持,他后来一度都没办法做厨师了。他在工地当过力工,还卖过服装、卖过酒。如果做厨师不得不烹杀野生动物,他宁可选择不做。再苦再难,他依然坚守着自己的追求。有人背地里说他这个山东人“一根筋”,甚至有好朋友都说他放弃一个月好几千块的工作,太傻了。可是他还是会尽自己最大的努力去保护野生动物。他成为我国第一位“绿色厨师”。通过他的努力和各地政府的支持,现在已经有成千上万的厨师郑重地立下了“拒烹野生动物”的誓言,他感觉特别幸福。他就是“绿色厨师”张兴国。

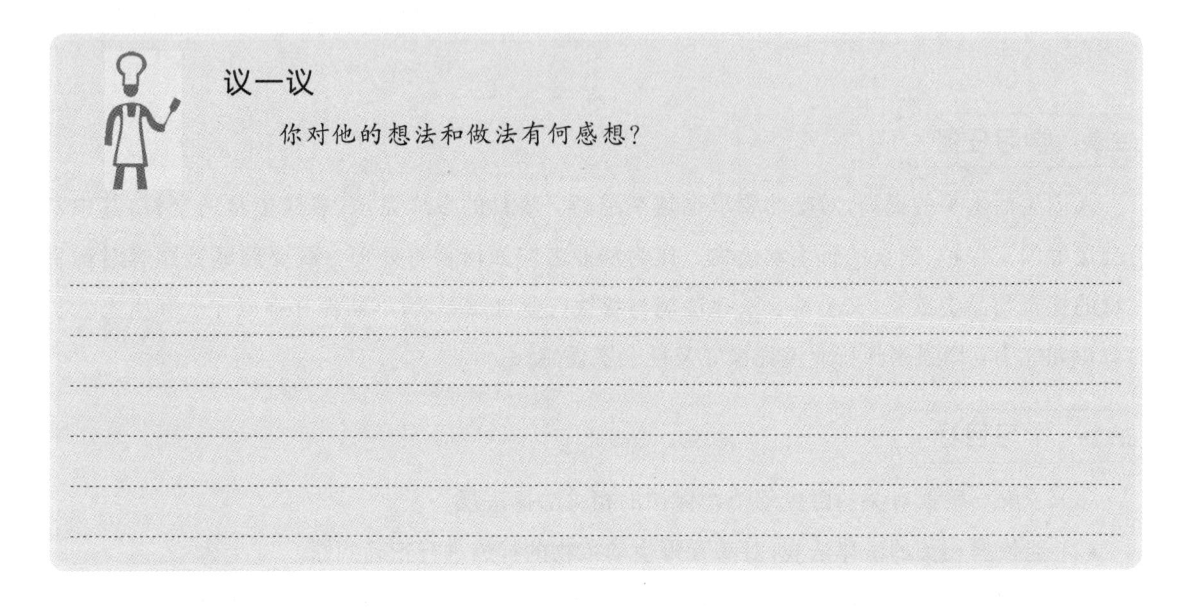

知识积累

我们经常说“一方水土,养一方人”,中国数千年的饮食文化传统是就地取材。而人们又以食珍奇动植物为“口福”。我们要成为绿色烹饪者,要首先站出来,通过我们的行动唤醒大家,引领大家。作为中华美食的直接传承者、创造者,我们责无旁贷地要肩负起薪火相传的责任,擎起新厨艺的时代精神。

一、品珍馐美味:野生动植物的生存之殇

推行绿色餐饮,保护生态环境,这是我们的一份责任。四十多年的改革开放,中国发生了翻天覆地的变化,解放了思想,更新了观念,人们的日常衣食也一天天越来越好,正阔步走在奔向全面小康的大路上。人们对吃的追求也使我们的生态环境压力日益凸显。餐饮业是野生动植物经营活动的主要通道。停止野生动植物市场经营活动应从拒烹开始,只要厨师不烹,饭店不卖,就能够有效降低购销野生动植物的违法行为。同时要做好食客的劝导和引导,转变他们嗜吃野生动植物的不良思想和习惯。厨师要保护野生动植物,要合理、规范地使用食材,不能寅吃卯粮,破坏性开采自然资源搞发展。

(一)滥食野生动植物的原因

首先是传统饮食文化中的一些心态和陋习。认为吃珍奇动植物为“口福”是中国饮食文化中

的非主流传统。尝禁脔、吃新奇，饱“口福”是一些中国人传统的心态以及大家对当下食品安全的恐惧认为野生的更安全。其次是利益驱使。从业者在利益的驱使下，经营“山珍野味”作为谋取暴利的一种手段，天价的海鲜宴、野生动植物宴、昆虫宴层出不穷。而厨师又把会烹饪珍稀原料、烹饪珍稀野生动植物，视为特殊技能而炫耀。再次有特殊消费人群的存在，摆阔气、讲排场等虚荣攀比心理，追求与众不同、标新立异、吃出特色、吃出花样的消费需求。多重因素作用的叠加，一些人利用一些风俗习惯、文化传统、饮食习惯、消费心理等，巧立名目、曲意逢迎、推波助澜迎合一些人的摆阔气、讲排场、显贵、尝新尝鲜、心理安慰等消费需求，借助“药食同性”“吃啥补啥”“野味营养价值高”“纯天然”“有机”“珍稀”“地方特色”等宣传手段，来引导和满足人们品尝野生动植物的需求，实现他们各自不同的目的。

（二）滥食野生动植物的危害

食用野生动植物危害严重，特别为社会所诟病。人们越来越意识到：大量捕杀、猎杀、采集、食用野生动植物，势必破坏了生态平衡，破坏野生动植物资源，造成动植物资源损失，资源物种、种群缩减与灭绝，影响区域生物物种多样性的稳定，影响区域生态系统的发展平衡，进而影响我们自身的生存与发展。就像发菜与风沙看似两个不相关联的内容却存在一定联系。发菜，中文学名发状念珠藻，因其形如乱发，颜色乌黑，得名“发菜”，人称“地毛”，是一种非常名贵的食物。因与“发财”谐音，迎合了人们图吉利的心理，有人不惜以重金购买馈赠亲朋或制作佳肴。我国北方草原地区因搂“发菜”，草原受到大面积破坏，这成了加速草原沙化的诱因之一。再如古人对鲥鱼的痴迷，除了因为长江鲥鱼珍稀和美味，将其认为是“南国佳品”，明清时甚至还被列为贡品，更重要的就是寻常百姓求而不得，有权有势者也得用心寻觅才能见其真身的这种心态。如今长江鲥鱼已难觅踪影。它消失的一个重要原因：因食而过度滥捕滥捞。还有蝙蝠、中华鲟、娃娃鱼、穿山甲等等国家级保护动物乃至世界濒危的野生动植物也成了餐桌上的美味，满足了一些人炫富、显贵等虚荣心理和养生、嗜好的追求。

（三）滥食野生动植物的风险

野生动植物产品在使用过程中存在较大风险。野生动物所携带的病原体、寄生虫等数量远高于人工养殖的可食用动物，以及植物本身特性都可能给人类的健康造成极大威胁。当年上海甲型肝炎流行的主要原因就是居民生食被甲肝病毒污染的毛蚶。此外，还有多种细菌、病毒和寄生虫引起的疾病可危及公共卫生和食品安全。我们若再以这种方式“亲近”它们，危险将悄悄地到来。2020 年全国人大常委会出台了专门决定，确立了全面禁食野生动物的制度。

二、保护野生动植物：留住多彩的世界

烹饪艺术最高境界是美加健康。烹饪艺术要绿色环保的美，要美食的美，要生态文明的美，要启迪人心灵的美。野生动植物是自然生态系统的重要组成部分，是美丽的自然赋予我们人类宝贵的生存资源。维护自然生态平衡，保护野生动植物，不仅关系到我们的生存与发展，也是衡量一个国家、民族文明进步的重要标志。

（一）做人做事一定要守规矩

厨师和其他人不同，我们要从餐桌上挽救野生动植物的生命，这是保护它们的最后一道防

线，要提高野生动植物保护意识、提升野生动植物法律法规的执行意识和能力，要充分发挥自我教育、自我管理的意识和作用，加强对法律法规的学习与职业道德以及职业操守的教育与培养，始终坚守政策法规的“红线”，使之成为自觉自主的意识和行为。要以“拒烹”野生动植物为荣，担起一份责任，恪守一份承诺，凝聚一份力量，这样既是珍爱食客，也是珍爱自己，为职业生涯的发展保驾护航。

(二)严守底线，认真履行岗位职责

吃是体验自然的方式之一，追求本味是对自然的敬畏。庄子曾说“朴素而天下莫能与之争美。”烹饪有一种讲究是原汁原味，要顺从季节、气候和水土的更迭与规律，不用或少用反季节、非本地的食材和原料，有固定合作的合格的材料供应地；要经常参与不同原材料知识和使用的学习，去发掘食材的本性与魅力，享受人物共生的愉悦。

立足本职，严守绿色发展的“底线”从我做起，净化灶台，减少对野生动植物的伤害。我们保护一只野生动物，少烹一次野生动物，就是在用我们的行动来保护和改善我们的生态环境。泰山不拒细壤，故能成其高；江海不择细流，故能就其深。从古至今想做大事的人很多，愿意把小事做细的人很少；现在缺少的是精益求精的执行者，缺少的是规矩规范不折不扣的执行者。

(三)野生动植物保护：从“合理利用”到“依法合规”

野生动植物的合理开发规范利用，是人类文明进步的必然要求和趋势。积极配合相关的职能部门，利用多种多样的有效形式，广泛宣传野生动植物保护的相关法律法规和行业规范，引导新饮食观念，倡导推广绿色消费，摒弃消费陋习和心态，争做守法从业者，推动绿色饮食生活方式。在满足人们对特色食材的需求时，我们可以选用人工驯养、种植的食材进行替代，这既符合法律法规的要求，满足大家的需要，又可以维护生态平衡，促进物种多样性的可持续发展。

实践探究

“蒌蒿满地芦芽短，正是河豚欲上时”。有人赞河鲀肉的鲜美为中国美食界之“貂蝉”，河豚(河鲀)之毒也使食者心有畏忌，但越是危险，越是令人垂涎。有相关法律规定，禁止生产、经营、销售河鲀鱼、毒蘑菇、织纹螺等有毒、有害的动植物食品。但是，之后废除了这一条款，被认为有可能为河鲀开禁，但是，近年来出现过多起食用养殖河鲀中毒事故。

市场上出售的河鲀主要是东方暗纹鲀，都是养殖的，养殖河鲀已经改变了河鲀的食物来源，毒性已经下降了95%。在一些南方的城市河鲀宴公然上桌又引起了人们对于河鲀能否安全食用的争议。一些商家的做法感觉很正规：厨师会到桌边先试吃，接着让请客的主人试吃。过10分钟后，大家才开始吃。如果厨师操作不当，剩下的5%毒素仍有可能发生危险。

有些地方烹饪协会先后举办了多期养殖(控毒)河鲀鱼烹调培训班，一些学员经过专业培训和实践操作，并通过了严格的理论和实践的结业考核，取得了“烹制养殖(控毒)河鲀鱼厨师证”，提高食用安全系数。

我行我秀

任务要求建议：

1. 对生活中这种现象你会怎么做？

2. 对工作中遇到的烹饪野生动植物的行为，你如何对待？

3. 食用野生动植物有哪些安全风险？

4. 我们身边的野生动植物保障都有哪些？

5. 我们作为未来的餐饮从业者应该做些什么？

形式建议：分析简报、案例分享(辩论)、手抄报等。

活动收获

我的同伴

我的对手

我的老师

我对自己

评价内容	评价标准	评价(分值:20 分)
内容选择	内容合理,紧贴实际	
观点呈现	理例结合、观点明确	
学习过程	积极主动,形式新颖、要点清晰	
语言表达	语言生动流畅,表述合理、准确	
时间掌控	时间控制合理	
亮点		
我的建议		

学以致用

一、活动主题

保护野生动植物,从我做起。

二、活动内容

利用网络、图书等工具,查找餐桌上的野生动植物被食用的案例,感受野生动植物保护的紧迫性,提升保护意识 。

三、任务要求

(1) 搜集食用受保护野生动植物的案例。

(2) 运用本课所学野生动植物保护的知识,分析不合理食用的危害和风险。

(3) 探讨如何通过合理的途径或方法引导满足大家不同的需求。

四、结果呈现

以小组为单位撰写一篇小调查报告分享到班级群内交流。

(商连生)

第三课时

善沟通　促合作

学习任务

沟通能力是一个人人文素养和文化底蕴的综合外在体现。厨师是一种职业，也需要沟通。厨师除了要听取来到店里顾客的意见之外，还常常要与同行进行联络、沟通，互相取长补短，尽可能地了解饮食潮流，了解最新的饮食信息等，这样才能努力提升自己制作菜肴的风味质量，迎来更多的食客，最大限度地发挥厨师的吸引力。

学习目标

（1）知道良好的沟通的重要性。

（2）初步学会常用的厨师沟通技巧。

（3）培养厨师的沟通能力与技巧。

案例引导

江振诚，我国台湾地区知名法国料理主厨，RESTAURANT ANDRE 创始人，曾被美国探索频道、顶级餐厅指南《RELAIS AND CHATEAUXR》《纽约时报》《时代》杂志授予各项荣誉称号。江振诚只是高中毕业，但他是印度洋上六星级饭店的主厨。他没有上过一堂法文课，但他的履历全是用法文写成。料理没有国界，只有诠释方式的不同。

江振诚，如何以一个台湾人的身份，做出全世界都感动的法国料理？多年的磨炼过后，二十六岁的江振诚晋升主厨，代表 Jacques & Laurent Pourcel 到东京、曼谷、新加坡、上海开系列法国餐厅，负责筹备、训练人员，带领一群比他年纪大、资历比他久的世界厨师做法国菜。厨房没有太多其他的情绪，只有“专业”两个字。“今天这个菜好不好吃，是骗不了人的。不管你有五年、十年、二十年经验，东西一炒出来，马上就知道”，江振诚说。面对挫折，只要是对的，就跟牛一样一直做。

江振诚，从十三岁就在各大饭店打工。高中时，他念的是餐饮管理，前后在希尔顿、亚都丽致工作的历练，使得他很快当上西华法国餐厅的主厨，是台湾最年轻的法国餐厅主厨。可以说他很幸运，跃上国际舞台，似乎就是机缘巧合。二十一岁的他一句法文都不会，就被 Jacques & Laurent Pourcel 钦点到法国工作。但在这之前，江振诚已经有近十年的厨房经验，他每天打两

份工。Jacques & Laurent Pourcel 来台湾时，要求江振诚早上五点到，他就五点到，工作到隔天早上，也没有一句怨言。

Jacques & Laurent Pourcel 兄弟在南法一个小镇长大，十五岁学做菜，二十三岁开这个餐厅，十年后他们是南法伟大的厨师，《米其林指南》有史以来最年轻的三颗星法国餐厅主厨，这是全欧洲厨师的最高荣誉。但到现在为止，Jacques & Laurent Pourcel 也是一天十六个小时待在厨房中，做他们十年前在做的同一个动作，成功很难，不断成功更难，你可以看到他们引以为傲的坚持。

江振诚是一个善于沟通的人。作为一名厨师，他不仅要做后厨的各项管理工作，还要善于与前厅主要负责人做好沟通协调工作，从而收集到顾客反馈的信息，进而不断提升菜品水平，切不能让前厅与后厨两张皮，这就要求有责任心的厨师必须具备一定的沟通协调能力。

知识积累

沟通是人与人之间、人与群体之间思想与感情的传递和反馈的过程，以求思想达成一致和感情的通畅。沟通包括语言沟通和非语言沟通，语言沟通是包括口头和书面语言沟通，非语言沟通包括声音语气、肢体动作，最有效的沟通是语言沟通和非语言沟通的结合。餐饮行业每个环节都需要非常顺畅和谐的沟通，否则就会引起蝴蝶效应，最终使餐厅倒闭、员工失业。那么员工与员工之间应该怎样进行有效沟通？

一、善于沟通能力强

（一）执行高效沟通的重要性

1. 培养团队协作意识 培养餐饮团队精神的关键着眼点在于协作意识。当代餐饮界的厨师更多的是独生子女，他们在家习惯了重视自己的感受，对别人的感受想之甚少。因此，必须培养他们的团队意识，帮助年轻的新员工放弃自我意识，让新来的员工体验每个成员间的配合与理解，让他们知道团队集体的存在。

2. 培养团队的综合竞争力 团队的综合竞争力是团队精神面貌和团队利益的最高体现，合

理配置团队成员是关键。每个成员的个性发挥、个性创造都是团队技能水平的展现。但如果在实际工作中过于强调团队,忽视个人的存在,那么各成员就会依赖团队,没有了创造性,时间长了就会失去战斗力。所以,餐饮企业只有合理合法地做好团队建设,才能获得更好的经营效益和经营成果,最终获得在餐饮行业综合竞争力的提升。

3. 促进团队目标的实现 我们都想在一个成功的大家庭里工作、生活和学习,怎样才能拥有一个成功的大家庭呢?那就要靠我们每个员工集体的努力。对于出于兴趣、爱好、从小就立志做大师名厨的厨师来说,可以引导其欲成大事先精于小事,把手头儿工作做到精益求精,这是成功的基础,帮助他们建立奋斗的信仰,不停地向信仰靠近,人有了信仰就有了干劲儿。升职加薪是信仰,力争做烹饪大师更是信仰。当大家信仰达成共识的时候,就会很好地促成团队目标的实现。

(二)团队之间高效沟通

1. 注意前厅与后厨之间的沟通 在前厅和后厨之间,每个岗位都不能忽视。前厅的工作比较纷繁复杂,突发事件不可预料。后厨较注重工作的标准化、程式化。前厅负责根据顾客的口味喜好、菜量大小、卫生标准、入店品质如何及时反馈给后厨;后厨应对每天流水顾客量预估,准备充足的食材,各类菜品种类要齐全,如有特殊食客要提前注明,以免出错。平时,厨师与前厅的工作人员多交流一些前厅的知识,也可以利用菜品培训的机会多将厨房的知识介绍给前厅人员。只有前厅与后厨之间多多沟通,互相了解各自的工作流程,才能更好地合作。

2. 注意厨房与餐厅各部门的沟通 厨房不仅与前厅有合作的必要,还应该与餐厅其他各部门紧密联系。作为一家营业的餐厅,需要的部门一个都不能少。餐饮质量的权威评判是食客的意见,所以要留意餐厅意见簿或公众号,以便食客公开评论。负责人要注意与餐厅的沟通合作联系,虚心听取餐厅反馈部门意见并不断改进,以便厨师更好地展示一流菜品,为广大食客服务。

3. 注意食客与前厅、后厨的沟通 食客来自四面八方,其口味不同、习惯不同、文化不同,点餐内容就更有区别。前厅的服务人员要适应不同食客的习惯,做到笑迎宾客,适应食客的情绪变化。经常会遇到前厅点的菜,后厨没有及时补充原材料造成菜品不能及时满足食客的要求,这时就要安抚食客情绪,耐心与食客说明,不要让食客有过度的不满情绪,影响食客进食。传菜服务人员应与后厨巧妙配合,菜品传递下去要精、准、快,保证菜肴的色、香、味、形俱佳。

餐饮行业的发展需要各个环节密切协作配合,才能事半功倍。良好的沟通力量可以展现胸怀坦荡、顾全大局、精诚合作的情怀,使自己所在的餐饮行业做大做强。

二、善于沟通促合作

在厨师岗位上,只有员工之间良好配合,才能促使工作圆满成功。不管你职位高低,都要放下架子、俯下身子,真诚地与别人合作,让配合的员工明白你是在征求他们的意见,探讨解决问题的办法。大家才能心平气和地在轻松、愉快中的氛围中,了解你要做的事情,明白你的想法,才能通力协助。

(一)厨师合作的重要性

1. 对于个人发展来说 合作对每个行业或个人都很重要,尤其餐饮行业尤为突出。在初次

交往中，有效地表现自己固然重要，但不能急于求成。要鼓励别人多谈谈自己的想法，可以做一名安静的听客，向别人学习。厨师之间的关系是在相互交往沟通中产生的。和他人谈话时，态度应该谦虚诚恳、就事论事、实事求是，热情不失礼节，会给人一种信赖感、亲近感。对个人发展来说，沟通是为了让别人更快理解你，更快深入团队，克服陌生感，使自己更有自信地步入职场。

2. 对于员工来说 餐厅如果希望自觉维护团体形象，就要鼓励或创造员工之间沟通合作的机会，就应该时刻尊重自己的成员发表个人见解，并解决员工不断沟通出来的实际问题，从而增强团队的凝聚力，提升和创造团队精神和企业文化。对于员工来说，沟通合作能使个人与团体更加融合，更有利于个人发展，促进团队更加健康生存。

3. 对于团队发展来说 团队成员之间有很多共享资源，资源的共享要建立在各方面的相互良好的沟通合作之上才能顺利实现。每个团队内部由很多成员组成，要充分调动他们的积极性，为团队展现自己的高超技能，服务于团队利益。员工之间通过传递情感、信念，达到相信彼此，进而信任团队，产生团队效应。

（二）恰当沟通促合作

1. 诚信交心以学为主 新来的员工有的性格内向，也有的性格外向。不管性格如何，都要主动与老员工沟通合作，怀着谦虚的态度，向对方虚心学习，这就是勤学。勤学包括两层含义：一是勤快，是肯学习，二是谦恭的态度。你可以通过自身专业、礼仪等实力展现自己，并使自己尽快融入这个团队的工作氛围中。设想如果你能在工作中表现出良好的专业技能、待人接物等个人修养和素质，相信会给老员工留下较好并且深刻的印象。

2. 提升自己主动联系 在员工之间要主动通过沟通合作提升自己的社交能力，学会谦虚但不压抑自己的技能。在技能展示的过程中，要察言观色，与领导的沟通，与员工的沟通，与食客的沟通，每个环节都要处理得当，这样才能达到沟通效果，不让对方反感，否则就会让别人失去与你沟通的意愿。同时，提升自己的各方面能力有助于减少工作障碍，使别人逐渐肯定你，逐渐认识你，逐渐理解你的工作想法。每个餐饮工作人员都要学会主动联系他人，主动展示自己的技能技巧，为行业服务。

3. 合作理解融入团队 较好的沟通合作能力是职业人应具备的工作能力之一。不过，每个员工都有自己的个性，如何很好地融入团队，就体现了个体和整体的协调统一关系。不过从另一角度来看，因每个员工个性不同，爱好、兴趣存在差异，若能较好地发展自己的特长，努力让领导、老员工接受你的优势，成为不可或缺的人才，你就会很快融入团队。

成功不难，合作成功就不容易了，促进一个团队合作成功就更难上加难。餐厅实现高效率和充满生机，有赖于部门之间互通知晓、互知甘苦、精诚协作。良好的沟通能让员工感觉到餐厅这个大家庭对自己的尊重和信任，因而产生极大的自豪感、责任感、认同感和归属感。此外，良好沟通还能减少不必要的冲突。我们都应该学会与人很好地沟通，从而融入餐饮集体团队的合作中。这是大国工匠在社会中的一种生存能力，也是一种工作必备能力。

实践探究

文公之时，宰臣上炙而发绕之。文公召宰人而谯之曰："女欲寡人之哽耶？奚为以发绕炙？"

宰人顿首再拜，请曰：“臣有死罪三：援砺砥刀，利犹干将也，切肉肉断，而发不断，臣之罪一也；援木而贯脔，而不见发，臣之罪二也；奉炽炉，炭火尽赤红，而炙熟而发不烧，臣之罪三也。堂下得微有疾臣者乎？”公曰：“善”。乃召其堂下而谯之，果然，乃诛之。

这则故事的大意为：晋文公好吃烤肉。主管厨房工作的官员送上烤肉后发现肉上有发。文公马上叫来厨师责问：“你想把我哽死吗？为什么烤肉上有发？”厨师叩拜请罪说：“臣有死罪三个，一、我把刀磨得快快的，如利剑一般，切了肉而发不断；二、我把肉切成很小的小块，但没有发现发；三、用炙热的炉子烤肉，炭火烧得通红通红的，而发不着。君主侍奉者中有没有人因为忌恨我暗中使坏？”文公说：“说得有理。”于是召集王的侍奉者们盘问，果然有此事，惩办了企图陷害厨师的那个人。

读这则故事耐人寻味，从管理角度，有两点启示价值：一、领导者对下面发生的事，要谨慎处置，要调查，不要武断下结论，不要轻易地处理问题。晋文公在烤肉问题上，在事情的前半段，斥问厨师做错了，后半段能倾听厨师申辩，做对了。结果弄清了事实，处理了应处理的人，没有冤枉好人。我们今天的领导人，可以向晋文公学习。二、事件的当事人对出现的问题要善做申辩。本故事中的厨师对自己的问题的申辩做得很好，很机智。有四好：第一，申辩的立论正确，自己无罪就是无罪，为此，为己辩护之。第二，申辩的技巧好，申辩的表象是谢罪，谢三个罪，实际是申辩。其谢罪是恳切的，得出的结论更显有力。确切地说，这谢罪，实际是在汇报工作，是在表白自己，也是在说自己的业绩如何，说我烤肉所用的刀多快，我切的肉多小，我炙烤的火烧得多旺。第三，理讲得充分。发是容易被发现的：它一切就会断；我把肉切得很小了仍没有发现；一烧就会化为灰尘，但炽热却没有去掉发。于是厨师提出请王明察。第四，结论清楚，请王调查，并提出了调查线索，堂下人是可疑者。今天，我们可能也会遇到类似的问题，我们也要如厨师那样学会申辩、论证、分析等，并把上述工作做得清清楚楚、有理有据、扎扎实实。要善于与人沟通，才能促使事情向成功的方向发展，达到事半功倍。

我行我秀

任务要求建议：

1. 案例说明了什么？

2. 你有什么体会？

3. 你面临困境时应怎样做？

4. 主人翁运用哪些语言技巧赢得了胜利？

形式建议：分析简报、案例分享（辩论）、手抄报等。

活动收获

我的同伴

我的对手

我的老师

我对自己

评价内容	评价标准	评价(分值:20分)
内容选择	内容合理,紧贴实际	
观点呈现	理例结合、观点明确	
学习过程	积极主动,形式新颖、要点清晰	
语言表达	语言生动流畅,表述合理、准确	
时间掌控	时间控制合理	
亮点		
我的建议		

学以致用

一、小活动

雕刻一盘“百花齐放”(用白萝卜、胡萝卜、南瓜、莴笋雕刻)。

二、活动目标

厨师团队提升凝聚力的方法。

三、活动内容

(1) 分工明确,步骤合理。

(2) 建立工作程序,明确工作职责。

(3) 善于鼓舞士气,严肃团队纪律。

(4) 适当放松调整,勇于顽强拼搏。

四、活动过程

小故事引发沟通技巧的深思

在线答题

(1) 在分配工作的时候,做到分工明确,步骤合理。

(2) 一定要有良好的工作流程,建立起有序的工作程序。每个人在团队中的工作职责都应该是清晰明确的。

(3) 我们应该注意鼓舞大家的士气,要用我们的热情去感染团队中的每个人。如果一个团队想要长期发展,那么就应该做到纪律严明。

(4) 不能总是让大家工作而不调整,注意休息但不能太过放松。作为团队的领导者,应该带头啃硬骨头,团队的领袖不是说出来的,而是干出来的,只有能带领大家一起拼搏,善于打硬仗,才能凝聚大家,让大家看到你的力量。

(张雪文)

第四课时

讲和谐　助成才

学习任务

在经济高速发展的今天，餐饮行业的分工已经越来越细。不管你具备如何高超的技能与领导力，都不可能一个人完成所有的工作程序，都必须相互配合、取长补短、相互支撑、紧密合作，才能使团队蒸蒸日上、成绩斐然。作为餐饮专业的学生要想成功、成才，必须要将自己融入餐饮团队之中不断磨砺。

学习目标

（1）知道怎样与其他员工和谐相处。

（2）体验工作过程中和谐工作的氛围。

（3）树立与人和谐相处的意识。

案例引导

厨师的功夫，初时在于刀工、技巧、火候，而后渐渐到了一个更高的境界，追求的则是食材背后的内涵、文化与故事。时间，是累计味蕾的品尝深度；坚持，是为了留下至美的味道。岁月淬炼下，依旧味道说话。从砧板到热锅，到我们中百味，唯有这匠心难得。在北京香港马会会所，就有这样一群匠人：

卢德仁（Bobby Lo），他在炉台灶边被叫“老大”，一晃已是27年。而这27年中，为马会服务已有15年。这些年，他从副厨到主厨再到行政总厨，获得许多奖励。他在业内渐有名气，他的客人喜欢他、尊重他、爱护他，他说，“很少有人能如此幸运地一生专注做一事”。

黄炳森（Mark Wong），这位在广州、北京、香港、新加坡、加拿大都工作过的主厨对其中的意味理解得更多。他多次代表加拿大参加奥林匹克烹饪大赛，“真空低温烹煮”及“分子料理”技法就是他首先学会的。他学会时，这两种技法还未被引进到国内。他说，“厨房是一个不被人看见的战场”。

张锦东（Darren Cheung），“不能给自己懒惰的机会”是张锦东经常说的话。每天13个小时的工作让他充满了成就感。坚持一条路走，哪怕只有一件事，勇敢的背后，撑起的绝对不仅仅是自信心，还有人生的弧度和荣耀。这是美食教会他的，更是生活教会他的。他说，“美食教会我做

事”。

孟永生(Johnson Mang)，厨艺经历也让他明白了一件事：美食，最后还是要回归到人本身，所以北京凯旋餐厅出现过改良的烤鱼、砂锅，也出现过各地地道的食材与菜品。这种回归，亦是人情味。他说，“有人情味，做出来的饭菜才有味”。

张志文(Ken Zhang)，他相信自己的直觉，他只是选择了他想要做的一件事并去实现。初心的背后，勇敢一如从前。带着这份荣耀，荆棘满地，却明白归处。他说，“做菜掌握每一道技艺很重要，但更重要的是用心”。

夏伟(Shirley Xia)，西点大概是每个女生心中的梦。小时候，夏伟跟着家人去商店，那些裱花蛋糕即使隔着玻璃柜也是最大的诱惑，一下子就长进她的小脑袋里，跟着她慢慢长大。这种念想倒可借《牡丹亭》一叹，可谓是“情不知所起，一往而深。”

他们的团队文化包括团队定位、团队使命、团队的远景目标、团队的经营理念、核心竞争力。他们在人们不会去踏足或关注的一方天地里，无论是主菜还是配菜，都历经岁月磨砺考验，以自己赤忱的匠心，为会员和客人们创造着幸福感。他们就是会所的厨师团队，以出色的技艺做出了美轮美奂的烹调食品，得到客人的赞美。

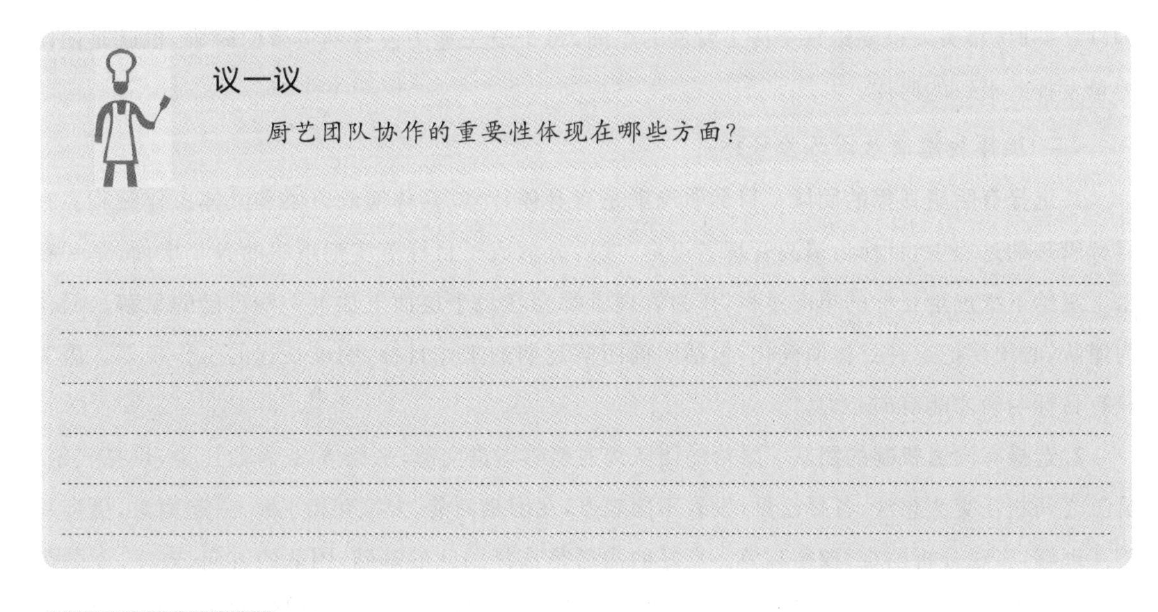

知识积累

团队合作是工匠精神的重要体现。好的厨艺作品离不开和谐的团队，它能形成一种舒缓的心理氛围，促进员工之间的默契，同时产生互补和互相激励的效益。和谐团队中的员工积极、热情、主动工作，员工之间互助合作气氛浓郁，员工及上下级之间沟通默契。厨师在从业过程中，必须要有这种团队协作的意识，不断检查自己的工作方向是否对路，研究方法是否科学，从而不断战胜自我，超越自我。

一、团队建设重和谐

(一)餐饮和谐重在团队的发展

和谐团队形成的关键，在于每个员工之间沟通顺畅，环环紧扣，思想统一。团队和谐是企业

在未来竞争中脱颖而出的决定因素。厨师员工之间的和谐，说明企业内部拥有共同的判断力，能够以相同的意志和行为准则来解决企业中的问题，从而形成最大的战斗堡垒作用。和谐的厨师团队一般不会自发地形成，它是企业宗旨、管理机制、企业文化、行为准则等综合运用的结果。

1. 和谐团队需要适当的激励机制 厨师的职业道德规范要求员工钻研业务，提升技能，增强服务意识。这就需要一套有效的、合理的激励机制，要体现出劳动态度、劳动强度、劳动技能等内容，在餐厅内部形成一种良性的竞争。薪酬是体现员工努力工作结果的一种表现形式，如果没有奖惩措施，那整个团队将是僵化无用的。如果在企业内形成一种良性的相互学习、相互追赶、相互竞争的工作氛围，各种体制和评估就是成功的，就是被大家认可的规则。在这种规则下，员工觉得合理、公平，理想可以实现，就会形成和谐的工作氛围，有利于企业打造一个和谐的团队。

2. 和谐团队需要每个员工共同维护 员工要能够融入团队中，不能太极端，不管是积极过了头的员工，还是消极的员工，都要有服从团队的大局意识，特别是服从团队领导的安排，自己的想法要通过适当的渠道进行沟通。不管什么性格的员工都要以团队为核心，不能一意孤行，不能以自己的意志为转移，做自己的事，要服从团队领导，体现团队建设的主要方向，才能发挥餐饮团队的作战能力，单打独斗只能背向而驰。餐饮团队要想和谐相处，就要集思广益，落实团队建设性纲领。同时，领头人也要给每个员工发展的空间，每个员工能力发挥到极致的时候，也就是团队力量发挥到极致的时候。

（二）选择和谐高效团队为目标

1. 选择有明确目标的团队 目标明确就是有具体计划、具体实施方案和具体工作流程。在目标管理的过程中，目标由最高管理者设定，然后分解成子目标落实到组织的各个层面，是一种由上级给下级规定目标的单向过程，作为管理者都会在每个层面上加上一些自己的见解。而作为团队，必须要把这种目标明确化，包括明确团队近期的工作目标，明确长远的工作规划。因为只有目标明确才能有向心力。

2. 选择有沟通机制的团队 融洽的团队沟通能够增进交流，平稳情绪，释放压力，烘托气氛。员工之间相互交流想法，各抒己见，发表不同观点，在困难面前，大家互相了解，一起面对，更容易相互理解，客观分析困难，权衡利弊。良好的沟通是选择团队的基础，团队的方向、效率、干劲都要靠员工之间较好地渗透。理念差异、个体差异、结构差异的客观存在，误解和冲突的发生不可避免，这就要靠团队沟通机智果断处理，这样的团队才能更加和谐团结，才能做出成功的菜品，为厨师团队增加活力。

3. 选择分工明确合理的团队 新时代的厨师工作，更加注重合理分工。合理明确分工是选择团队的重要的方法。分最终是为了合，合则需要分，其最终目的都是为了完成任务。这也是加强团队成员责任心的基本要求。协作是分工明确合理的关键，它是润滑剂、黏合剂，必须靠成员的相互配合、相互理解。分工是目标任务的细化，也是目标责任的分解，是完成任务目标的基础。分工原则上合理是让每个员工都能够服从分配，具有很好的服从意识的前提。分工靠领队的安排，合理则靠大家的维护和遵守。这些就是选择高效和谐团队的重要依据。

厨师团队成员之间相互融洽，彼此了解，彼此尊重，知识与技能就得以发挥；团队成员尊重彼

此的个体差异与需求，欣赏对方的优点与长处，团队就能和谐运转。没有规矩不成方圆，只有选择发展目标清晰、团队成员相互信任、沟通良好、积极协同工作的团队，才会感到身心愉悦，干劲十足，成绩显著，才能体现出自己的社会价值和自身价值。

二、自觉融入要成才

和谐高效团队的建设，离不开所有成员的积极配合与支持。团队好比是一个整体，每个成员就是一个局部，正如整体与局部之间的关系，彼此紧密相连，缺一不可，密不可分。员工是餐厅的根本，员工素质是餐厅优质服务的基础。建设一个团结、和谐、高效的团队，必须具备团队协作意识。

（一）自觉融入团队共同协作

1. 积极与人融洽交流 要想做到与他人融洽交流，就要自己努力寻找融洽交流必需的语言素材，把所有这些东西糅合在一起，再经过大脑的缜密分析，才能达到很好的沟通交流效果。在新的工作环境中，要学会主动友好地和别人交流，包括用肢体语言示好。不管性格怎样，我们都要明白，自己是餐饮业的一个新人，只有和老员工主动交流沟通，才会有更大的收获。

2. 与人为善真诚分享 要想快速高效地融入一个团队中，与人真诚相处是最行之有效的法宝，是人与人之间交往的基石之一，是得到别人认可的有效途径。与人善处的人，别人都会与你为善。只有真诚地去对待别人，别人才会真诚地对待你。你和别人分享自己真实的想法，可以使别人对你产生安全感，减少对你的防范，拉近你们之间的距离。餐饮团队成员之间友好相处，以善良的心态对待别人，可以增强整个餐饮团队的战斗力。

3. 团队成员公平相处 严谨和谐的厨师团队是由一支流动、变化、充满活力的人员组成的。无论我们是领导者还是普通员工，都要学会平等待人、公平相处。即便我们是一位厨师长，也要明白这一点，切不可以为自己高人一等。俗话说，“得民心者得天下”，我们只有平等待人，才会让别人更愿意接近你。不管职务是什么，都要维护团队荣誉，为实现团队目标而共同奋斗。

（二）融入高效团队尽快成才

1. 环节要点与角色落实 在餐饮团队里，有各种各样的工作角色，比如前厨、后厨、前厅、后厅的岗位，在餐厅定位、装修风格、周边餐厅情况、顾客锁定、经营方向、形象塑造、餐厅氛围、菜肴搭配、规范服务、文化彰显、业务广度等方面需要的管理岗位，对这些工作角色都要注意了解，逐一分析。每个岗位都要经过严格训练，持证上岗。这样才能做到成员的无缝对接，融入高效和谐的餐饮团队。

2. 和谐程度了解与分析 作为一个餐饮团队来说，菜肴的产品设计、产品风格、成本核算、价格制定等各个方面，要满足消费者不断变化的需求，才有可能按照消费者的实际需求设计每个环节，达到消费者对自己产品的信赖和忠诚，从而不断迎来回头客以及源源不断的新顾客。因此，团队和谐的重要性就不言而喻。员工之间的性格、习惯、技能是团队和谐的基础。只有进行好角色搭配，才能让团队尽可能和谐高效。

3. 团队配合与成才判断 和谐高效的餐饮团队，每个成员不管职位高低，都要彼此信任、互相交心，做到毫无保留。只有团队成员彼此之间紧密配合，才能真正做到整个团体的和谐融洽。

任何一个工作流程，都需要成员间的相互沟通与完全配合，不可能单独完成。团队配合与是否成才取决于团队每个成员的工作态度，而维系各个成员之间的默契关系也是每个人不可推卸的责任。即使团队成员不具有高超的技术能力，也可以通过团队成员间的相互配合来弥补。这样通过长时间、各环节、全方位的锻炼，才可能成为领导眼中的栋梁之材。

实践探究

戴龙先生是香港特别行政区大师级厨王，其厨艺享誉中外。1997 年香港回归晚宴中其作品获得江泽民总书记的赞赏。在戴龙先生三十多年的厨政生涯中，在我国香港地区及欧洲、东南亚等多个著名星级酒店主理厨政，获得过众多嘉奖荣誉，其独创的菜式不计其数。由于戴大师对于原材料的认识透彻，掌握运用恰到好处，出品往往令人赞不绝口，叹为观止，故得雅号“食神”。他的主要特点就是他与员工善于沟通，善于团结协作，共创美食。

戴龙说：“经历了这么多，已经知道自己最拿手和中意的，还是做菜。做菜，是我最开心的事情！”戴龙认为，想要做好菜，第一要对餐饮传统文化有了解，熟悉食物的性质；第二要多去尝试；第三要了解不同的吃法，每一种菜系，都有自己的传统和特点，作为一个厨师，关键是去融会贯通，加以创新，才能符合不断变化的饮食潮流；第四，也是最重要的，就是用心去做。正所谓“做人要用心，对人要真心，做菜要有心”；第五，不管在任何场所，都要做到和谐自律，表里如一。1997 年，戴龙在全港 20 多万厨师中脱颖而出，并且参加主理 1997 年香港回归晚宴。戴龙每每谈及这段经历时，就颇为自豪地说，“那是见证一段历史啊！”

我行我秀

任务要求建议：

1. 什么是“和谐”？
2. 和谐的作用是什么？
3. 为什么要做到和谐？
4. 戴龙的成功靠什么？

形式建议：分析简报、案例分享（辩论）、手抄报等。

活动收获

我的同伴

我的对手

我的老师

我对自己

评价内容	评价标准	评价(分值:20分)
内容选择	内容合理,紧贴实际	
观点呈现	理例结合、观点明确	
学习过程	积极主动,形式新颖、要点清晰	
语言表达	语言生动流畅,表述合理、准确	
时间掌控	时间控制合理	
亮点		
我的建议		

学以致用

一、小活动

和谐高效助成长。利用网络和图书,查找融入团队并取得事业成功的模范厨师的案例,了解他们的事迹,分小组制作电子演示文稿并在班级展示汇报。

二、活动目标

(1) 了解在厨艺事业上获得成功的人所具备的特质。

(2) 训练自己利用网络工具搜索信息的能力。

(3) 提升自己的道德境界,树立正确的团队协作意识。

人际交往的知识积累

在线答题

三、活动内容

查找融入团队并取得事业成功的模范厨师的案例，了解他们的事迹。

四、活动过程

（1）查找相关资料，确保内容的真实性、准确性、权威性。

（2）制作电子演示文稿并在班级分享成果，同学之间互评，教师点评。

（张雪文）

第五课时

积跬步　行立业

学习任务

职业发展目标对个人、对行业、对社会发展具有重要意义。我们要提升自身职业发展的素质，培养敬业、乐业、精业的使命感和责任感，一丝不苟、精益求精地积累职业发展所需要的知识和技能，把自己打造成为现代工匠型、技能型人才。

学习目标

(1) 了解自己未来职业发展所需要的知识、技能和素养要求。

(2) 努力学习专业理论知识和技能，提升规划自身发展的能力。

(3) 坚定职业信念与理想，树立正确的人生态度和职业价值取向。

案例引导

王春耕和面食打了一辈子交道。他和了一辈子面、揉了一辈子面、抻了一辈子面、捏了一辈子面。一团面，在他手里生出了千变万化。

他本可以不干面食这一行。他有很多选择职业的机会，也有很多改变命运的机缘。可他硬是坚守着初心不变。即使中间离开了面食，又身不由己地转回来，黏在面食中再没脱身。王春耕的学艺是从做卫生、和面开始的。

做卫生靠的是勤快，有眼力见儿，和面靠的是肯受累、肯出力气。那时，和面没机器，全凭的是人力。一袋面粉 50 斤，扛过来，往大缸里一倒。加够水，甩开膀子和起来。手不停、腰不直，一气儿将这一缸的面和出个有筋有骨。

擀皮儿要的是又快又好又一致。成千上万的皮儿必须薄厚、大小一个样。什么皮儿什么要求，来不得一丝一毫的差池和马虎。揉碱、摔面就那一两个动作，再枯燥乏味你也得折腾够一两个钟点。这是北京饭店，就餐的都是中外元首、政要。端上桌的不仅是饭菜，往大里讲，代表着中国的饮食脸面。朝小里说，那也代表着北京饭店的水平。

王春耕越干越感到了工作的重要，越学越觉得面点技术非同一般，他不敢懈怠。白天在饭店干得有声有色，晚上再按照师傅的要求加班练功。第二天一上班，亮出自己的手艺再让师傅指教。王春耕的踏实肯学，让前辈郭文彬先生看在眼里、喜在心头。他为面点技艺后继有人感到欣

慰。王春耕虽由孙久富师傅带着，作为班长，郭文彬先生还是经常关心他的生活，传授给他技艺。

孙久富师傅的淮扬点心拿手，郭文彬先生的龙须面一绝。王春耕向郭文彬先生请教龙须面的做法，郭文彬先生就从怎么和面、饧面、溜条、出条、展示、熟制一步步讲起。难点、重点处郭文彬先生就反复实操示范。师徒俩一起流汗一起喘，直到让王春耕练到拉出来的条子不乱、不并、不断，郭文彬先生才点点头说："行！这小子能学出来！"为了这句话，郭文彬先生陪着王春耕练了几十天。

学得越深、越多，王春耕完全被面点迷住了。看的书是有关面点制作的；与同行交流的，是面点经验；向师傅请教的，是面点技艺。他对技术，有着异乎寻常的认真。以前，就一个刀削面，他都要到晋阳饭店，专门向面点大师学半年。这样的痴迷，让他的面点制作水平不断提高。王春耕的理想之树已扬花枝头，果实的收获已指日可待。

在饭店，他已是面点制作上的一堵结结实实的承重墙。每逢重大任务，王春耕都冲在最前面。领导希望他做管理工作，但这让王春耕心潮难平。作为一名共产党员、作为饭店培养起来的高级技师，理应服从组织分配。可是，自己又太热爱这门苦心孤诣追求的面点制作技术了。祖国面食文化的魅力太强烈了。

老话儿常说，做事先做人。王春耕坚守着这一人生原则，始终警惕着各种私心、各种杂念对操守的侵蚀。看着自己教过、带过的徒弟如今成了后厨的顶梁柱，老师傅们都欣慰不已。王春耕更是不忘师傅们的教诲之恩。王春耕清楚自己的责任和担当。年逾古稀的王春耕收获着理想的果实。那果实源自他对祖国面食文化深深的爱，这份爱就是他生命的火种，在他胸中燃烧着，生发出巨大的力，推着他，不停地向前、向前！

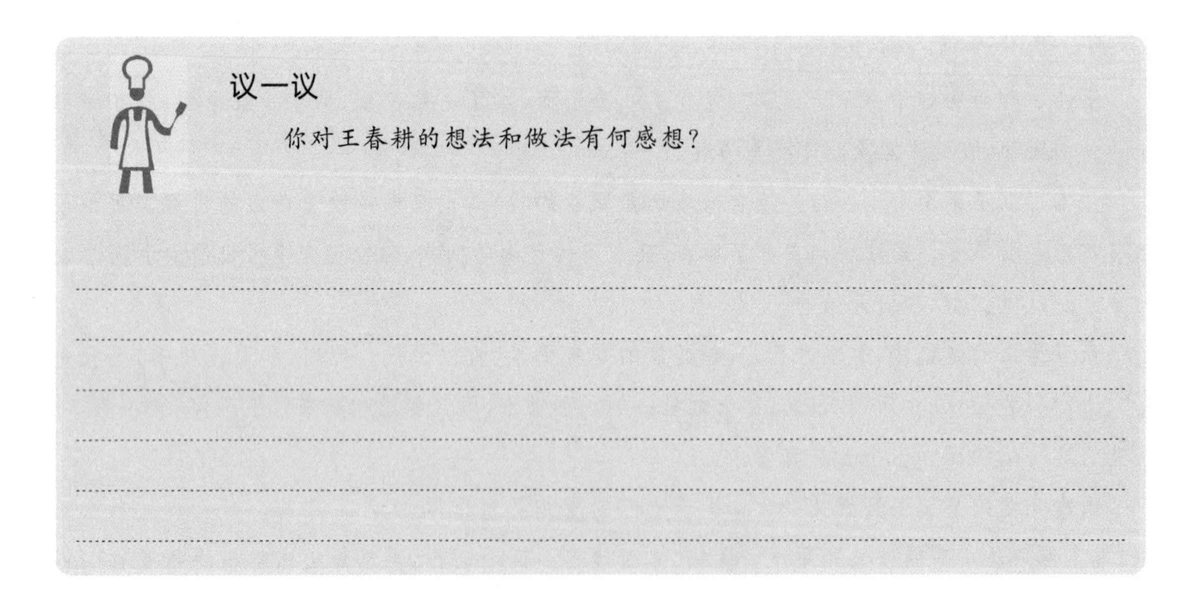

知识积累

"为山者基于一篑之土，以成千丈之峭；凿井者起于三寸之坎，以就万仞之深。"学厨之道，当以多做为师，多看、多想、多品为道；就像酱香鲁菜，它的灵魂来自黄酱，是中国饮食最原始的味道，以酱入菜调百味也是中国烹饪养生的一个体现。而今从厨者，多心态浮躁，急于速成，还不会

爬，就想跑，始终难以有所成就。决定一个人成就的，不是天分，也不是运气，而是坚持和付出，是不停地做，用心去做。

一、合抱之木，生于毫末

（一）做菜先做人

道德之于个人、之于社会，都具有基础性意义，做人做事第一位的是崇德修身，一个人只有明大德、守公德、严私德，其才方能用得其所。就厨师职业修养而言，在我国厨行历来就有“学厨先立德”“做菜如做人”的古训。厨师遍地走，未必都能练成解牛的庖丁。工匠型厨师的大门向每位厨师敞开着，只要我们不求名、不逐利，耐得住寂寞，抵得住诱惑，自我要求，自我加压，每位平凡有心的厨师，都有可能成为工匠型厨师。每一位厨师的技艺必须经过千锤百炼，只有功力到了，在走向工匠型厨师的道路上才可水到渠成。“不经历风雨，怎能见彩虹？没有人能随随便便成功”，这句歌词放在工匠型厨师所承载的自身修为上，也一样适用。

（二）爱岗敬业

爱岗敬业是指厨师既热爱烹饪事业，又愿意为自己钟爱的烹饪事业奋斗一生。它是厨师职业道德的灵魂。只有热爱烹饪事业的厨师，才能在艰苦、繁重的烹饪体力劳动中，体会到厨师工作的乐趣；只有热爱烹饪事业的厨师，才能在求真务实、无私奉献的厨师精神感召下，满怀自豪地做好烹饪工作。

（三）积善成德

“不以善小而不为”“不积跬步，无以至千里；不积小流，无以成江河”“水滴石穿”，这些体现在厨师的生活和工作中，就是要不断充实、丰富、完善自己，通过不断积累逐步去发掘自己的潜能，逐步实现自身的社会价值。六小龄童一生只演一部戏，将孙悟空演绎成了经典，至今无可替代。厨师也要有这种精益求精的精神，一生只做一道菜，没有最好，只有更好。学习和工作是我们必须要承担的义务和责任，这也是我们在这个社会存在的价值和理由。空谈误国、实干兴邦，立足本职、埋头苦干，从自身做起，从点滴做起，用勤劳的双手、一流的业绩成就属于自己的精彩人生。

二、百尺高台，起于垒土

（一）以文化育素养

厨师必须对文化知识进行不断积累，对文化素养进行不断提升。目前，我国餐饮业人员的整体素质是比较低的，这既是历史原因所造成的，也有现实厨师培养层次整体不高的缘故。全国厨师的初始学历教育层次整体不高这种状况虽然在逐步改善，但餐饮业科技含量日益提升，人们的多样化、个性化需求迅速增长，厨师专业技术人才的综合素质亟待全面提高。厨师不仅要具备吃苦耐劳的品质和爱岗敬业的精神，还要具备保证营养、注重节俭、兼收并蓄、诚信经营的良好职业习惯，更要成为德艺双馨的事业型厨师。

（二）坚持传统与时代创新

作为厨师，要有两本菜谱在自己的心里。一本是“别人的”，就是要坚持传统；一本是“自己的”，就是要在坚持传统的基础上根据时代的特点去创新。

人们的味蕾都是一样的——古老的、流传了很多年的东西自有受欢迎的道理。不论是从原材料的选择、配料的比例，还是从烹调的技法、火候的控制等，以前什么样，现在还是什么样。厨师作为食物的传承者，要满足人们对历史的崇敬之心，满足人们对历史的记忆珍藏。

与此同时，坚持创新和个性化在现代社会很流行，很有市场。是否能够进行菜品创新是一个优秀厨师的发现意识、理论素养、技能水平、反思能力的集中体现，只懂技术的厨师必然会竞争力不足，而具有创新素质的厨师一定是一个修厨德、钻厨艺、学厨理、善烹饪的复合型厨师。坚持传统与时代创新对厨师的理论和技能都提出了更高的要求。

（三）对烹饪的极致追求

高超的厨艺是优质菜点的技术保证，菜点的特色在相当程度上是由独特的技术因素所形成的。厨师要切实提高技术水平，强化厨艺追求，摒弃盲目跟风、粗制滥造、浅尝辄止、抄袭剽窃的媚俗观念，在修养上日益提高，在技艺上与时俱进，成为匠心独运、特色鲜明、德艺双馨的品牌型厨师。在这一点上，我们要向名厨学习。每一位名厨都有一样或者几样属于个人的拿手名菜。而在这些拿手名菜的烹饪中，每位名厨又都有自己的绝招。既然有绝招，技术就有一定的高度和难度，别人就很难模仿。这就是匠人精神。

现在，中国民间也依旧流传着踏实稳重的匠人精神。做空心挂面的张世新老爷爷认为，“料理人与食客的交流，不应通过语言，而应通过食物去传达。”因此，为了保证挂面的品质，毅然决然地拒绝了厂商的游说，选择自己缓慢而又正经的制造。只要不急功近利，一心一意、踏踏实实地做好自己的工作，人人都可以是食神。只是那是踏实修成的正果，而不是急躁得来的结果。

（四）一张蓝图绘到底

厨师要想在艰难前行中不忘初心，制订自己的职业生涯规划是非常必要的。一定要明确自己真正想要的是什么，也就是自己的职业目标和职业理想是什么，目标要合理明确。目标是迷茫中的方向、汪洋中的北极星。对于道德修养、知识储备、能力水平、素养水平、兴趣爱好、性格特点等要对自己有合理评估，对于身边的资源、社会发展水平、趋势和地区的优势等条件，要有合理充分的分析和研究，对于规划要执行的各种措施、渠道、手段、方法要合理执行。

（五）勇敢实践是职业生涯规划的要求

“纸上得来终觉浅，绝知此事要躬行。”再好的职业生涯规划也不能束之高阁。空谈误国、实干兴邦，要紧紧围绕职业发展目标和职业理想实现的要求，学好专业知识、掌握专业技能、提高职业核心能力、提高动手实践的能力，参加各种活动进一步发掘自己的潜能，这样在实践中才会遇到志同道合的人，才能遇到高人指路，结识良师益友。若想得贵人相助，自身人品很重要，事情是人做出来的，做事见人品，实人多福报；厚德载物，德与位相匹配的人才能得到更好的发展，才能发光、发热更长久，用光明照亮后人前行的道路，用热度温暖在寒冷中坚守的人，用实际行动去实现自己的职业生涯规划、实现人生的价值。

（六）适时、适地、适度调整

用矛盾的方法思考解决问题。在职业发展中存在着许许多多的矛盾，如职业的社会地位与理想信念、收入与生活压力、职业发展与自身职业稳定的矛盾、付出与回报、过程与结果的矛

盾等。

坚持具体问题具体分析是正确认识事物、解决矛盾的关键。解决职业发展中的种种矛盾不是要把矛盾完全消除掉，而是要借助矛盾分析方法调整心态、找到出路、寻求最佳解决方案，促进自身发展。

用发展的眼光看待职业发展中的问题。无论是世界，还是我们自身，都在不断发展和进步，要学会用发展的眼光看待自己，避免过于自卑，这是我们在人生道路上的一个重要的信念。三国时期的吕蒙，通过发奋读书，完成了从一个文盲武将到一个出色指挥员的蜕变，留下了一个"士别三日，当刮目相待"的佳话。事情也好、人也罢，都不会静止不动，发展才是永恒。我国厨师整体素质比较低，这既有历史原因，也有现在人们对这个职业固有的偏见的积累。但是我们要看到广大的从业者正在用自己的努力一点点地改善这种状况。从称谓上我们可以看到，"厨子""厨师""烹饪大师""烹饪艺术家"这些对烹饪从业人员的称呼变化正是大家努力的结果。坚持以发展的眼光看待自己的生活、学习、职业，有助于自己对所遇到的问题和困难有更深刻的认识，有助于端正态度，培养自律、自信、自强和不懈努力的精神。

实践探究

被吉尼斯世界纪录评选为世界上最细手工切面，细过一根头发丝的金丝面源于担担面。发明者是自贡盐邦食府现任掌门人李红凯。李红凯说，他在北京饭店当厨师时，见许多客人是冲着四川名小吃而来，便萌发了制作更精良四川小吃的想法。几经钻研，他以担担面为基础，逐步发明出细如发丝、绵而不断的金丝面。他详细描述，一般半斤面就可擀出宽 75 厘米、长 4 米多的薄面皮，切出来的细面条，在一个针眼内可一次性穿过 35 根。

厨师李红凯坚持 17 年练成手工切面绝技，获"最细的手工切面"吉尼斯世界纪录。

在学校，李红凯是学生会主席，在校园技艺赛上，李红凯的刀工总是获得第一名。那时李红凯就立志，一定要成为一名优秀的现代厨师。可是优秀的现代厨师该是什么样？怎样才能成为优秀的现代厨师？李红凯不知道。但他明白一点，就是万丈高楼平地起，要成为优秀的现代厨师，必须要有过硬的厨艺基本功。

李红凯在檀木林宾馆实习时，周新明经理教他理论及餐饮管理、王中朝教他面点技术、张国先教他综合知识；在沙湾饭店实习时，中国服务大师、特二级宴会设计师徐培兰重点教他服务及宴会设计。当时，檀木林宾馆发现李红凯是棵好苗子，就把他安排在总经理办公室实习，想培养他将来搞管理。但李红凯拒绝了，他要先打好厨艺基础，天天安排自己做担担面，同时加紧刀工练习。做担担面其实很辛苦，每天单揉面就得花两三个小时。为提高理论知识水平、文化修养，李红凯一有空就去逛书店，买了许多烹饪专业、管理方面的书，也买了一些世界文学名著、中国文学名著，晚上下班后就认真读，还做读书笔记。

李红凯天天练手工切面绝技，以每天制作 3 斤面粉计，一年就是 1000 斤面粉，17 年就是 17000 斤即 8.5 吨面粉。以揉面一次 3 个小时计算，单揉面就揉了 18615 个小时合 2327 个工作日。其间李红凯流了多少汗水、经历了多少失败、有过多少个不眠之夜，又怎能计算得清呢？

经过艰苦修炼，李红凯终于成功练就手工切面隔面皮读报、点火、穿针、耐煮绝技。他最大的

心愿就是组建自贡盐帮菜厨艺绝技表演团。自贡厨艺界的刀工、雕刻、糖塑都很有名，稍加培训，就能成为绝技表演。这不仅对振兴自贡盐帮菜有帮助，还能为打造自贡旅游目的地出力。同时李红凯还想挖掘、整理自贡失传了的空心面技术，练成绝技，为振兴自贡盐帮菜出力，为家乡争光。

我行我秀

任务要求建议：

1. 从李红凯的成长历程中我们能学到什么？
2. 我们如何去发掘自身成长中的亮点？
3. 如何规划自己未来的发展？

形式建议：分析简报、案例分享(辩论)、手抄报等。

活动收获

我的同伴

我的对手

我的老师

我对自己

Note

评价内容	评价标准	评价(分值:20分)
内容选择	内容合理,紧贴实际	
观点呈现	理例结合、观点明确	
学习过程	积极主动,形式新颖、要点清晰	
语言表达	语言生动流畅,表述合理、准确	
时间掌控	时间控制合理	
亮点		
我的建议		

学以致用

一、小活动

划减游戏。

二、活动内容

写出自己认为重要的人、事或物,每一次划去一个内容直至最后。

三、活动目标

(1) 了解参与人的内在想法。

(2) 训练自己规划选择的能力。

(3) 通过活动审视自己内心的真正需求。

(4) 让参与者明白什么是对自己人生最重要的人、事、物。

想在厨师行业出人头地,一定要记住这八句话!

四、活动过程

(1) 明确任务内容　大家自主选择自己认为重要的人、事、物。每个人写出至少 20 个内容。每次只划去一个自己认为针对其他内容不重要的内容,划到只剩最后一个内容。

(2) 大家谈感受　大家谈各自的感受。同学之间互评,教师点评。

(魏春龙)

第六课时

遵法规　护权益

学习任务

作为从业者，要不断关注自身职业的可持续发展。因此，掌握职业发展的规范要求，提升法律法规意识和遵纪守法的能力，提升自身职业发展的职业行动力和职业素质素养，提升自我保护意识和能力，才能更好地助力自身职业发展。

学习目标

（1）了解与职业相关的法律法规内容，明确岗位职责的要求。

（2）提升法律法规意识、自我保护意识，适应和强化职业行为能力、自我保护能力。

（3）遵守法律法规，自觉服从岗位职责，树立遵纪守法的价值观。

案例引导

吴某是四川某餐饮公司的厨师长。2005 年 5 月 20 日，他收到一份法院判决书，判令他支付所工作的四川某餐饮公司违约金 250 万元。这一切是由这位厨师长突然离职引起的。

吴某 1999 年进入该公司，由于虚心好学，很快从众多厨师当中脱颖而出，进入该公司研发团队。由他研制开发的几个菜肴品种在国内频频获奖，在给公司带来荣誉的同时，也带来了丰厚的营业额。在短短的三年里，他从厨师干到了厨师长、技术顾问，年薪拿到了 30 万。2003 年该公司与吴某签订了为期 10 年的聘用合同。由于掌握该公司的核心机密，合同约定在聘用期内未经公司允许技术资料不得外泄及传授他人；除人力不可抗因素外，吴某不得无故离职，否则公司有权追究其违约责任和经济责任，赔偿经济损失 500 万元。

但在经营过程中，吴某与公司在管理理念上产生了矛盾。2004 年 7 月，吴某单方面离开了该公司，到了南京一家五星级酒店，担任餐饮服务的技术总监。不仅如此，还带走了各家分店几十名厨师，使得该公司一时陷入经营困境。

因为吴某的行为，该公司将他告上了法庭，法院判决吴某违反了《中华人民共和国劳动法》和《中华人民共和国知识产权保护法》，他必须为他的违约赔付企业 250 万元。

议一议

吴某在跳槽事件中负有什么责任？

知识积累

工作连着千万家，幸福生活你我他。随着我国社会主义市场经济的不断发展，与劳动相关的法律制度体系已经基本确立，对从业者的健康安全和合法权益的法律保护也在不断加强。但对从业者的职业伤害危险依然存在，伤害伤亡事故时有发生，职业病的发病率处在较高水平。究其原因，在于经济利益驱使、法律不健全、行政不作为、监管不力、有法不依，从业者的无视和无知等。所以不论是提高经济发展水平，还是提高从业者的获得感、幸福感，对于相关法律、法规等的认识和执行都显得尤为重要。

一、没有规矩，不成方圆

(一)遵守法律、法规、规范

法律意识和法治素养对于一个厨师来说是非常重要的。知法、懂法、守法，是新一代高素质厨师必须具备的素质，现代化的厨师是要求德、智、体、法全面发展的厨师。法律是每一个人保护自己合法权益的有力武器，法律也是不能触犯的道德底线。在现在的餐饮业中，食品安全问题层出不穷，一个知法、懂法、守法的厨师就成为高端烹饪人才的必备选项。

每位厨师都应具有基本职业规范意识，增强环保法治意识，坚持不采购、不烹制国家明令禁止的动植物；不使用国家明令禁止的色素、防腐剂、品质改良剂等添加剂；加工过程做到科学合理，使原料的营养成分不受损失或少受损失；不采购、烹制受污染的原材料，少用、不用催熟剂催熟的原料；选用无污染的燃料、灶具、绿色环保餐具等。

食品安全无小事。要积极学习食品安全知识，包括组织管理、设施要求、消毒要求、自身健康卫生要求、原材料采购证明等，提升自己的食品安全风险防范意识。同时，还要在食品加工过程中注意原料储存，加工操作中注意清洗消毒，增强自己规范操作的意识。

(二)遵守职业规范

很多时候厨师是处在幕后的，给人的感觉不那么重要。其实不然，厨师的职业操守、职业规范意识的强与弱、职业规范素养的高与低是非常重要的，对工作的各个方面都有着巨大的影响。

要掌握食品卫生知识，搞好厨房的卫生，严格执行生产安全，了解消防知识，注意节约，杜绝消费，不偷吃私拿集体的食品和物品；要与其他岗位和部门人员互相支持和配合，做到互相尊重、协调统一、团结一致、安全高效地完成工作任务。

厨师应当注意自身礼仪礼貌，不论是后厨还是明档厨师皆应如此。明档厨师要真诚服务，用心对待，注意最基本的就餐礼节，掌握文明用语，主动招呼顾客，换位思考、认真倾听、回答得体，不介入客人话题和评价。在工作细节上不允许出现不文雅的举止，比如挠头皮、挠痒、打喷嚏、打哈欠等，手不能随便触摸，避免给顾客留下食物不洁净的感觉。

（三）遵守社会规范

中国古语有“君子远庖厨”的说法，可见厨师在中国历史上的社会地位并不高贵。伴随着全面建成小康社会的逐步实现，新时代的厨师职业，已经得到了人民群众的极大认可和重视。现代厨师的文化素养、学历水平、理论功底、艺术修养都得到了极大的提高。厨师中，有的当选为人大代表，有的成为劳动模范，有的还成为学者，走上高等学府的讲坛。随着厨师社会地位的改变，厨师劳动的社会意义，也越来越被人们理解和认识。这就要求厨师更加遵守和弘扬社会规范，进一步提升厨师职业的社会地位和职业幸福感。

二、言无二贵，法无两适

（一）善于运用法律法规保护自身的合法权益

随着我国社会主义市场经济体制的不断成熟，关于“职业安全权”的权利理念也逐步深入人心。关于我国立法中的劳动者职业安全卫生权和其他合法权益，《中华人民共和国宪法》中就有明确规定，国家通过各种途径，创造劳动就业条件，加强劳动保护，改善劳动条件，并在发展生产的基础上，提高劳动报酬和福利待遇。在《中华人民共和国安全生产法》中专章规定了从业人员的安全生产权利义务，使劳动者由被动的受益人转变成权利人。《中华人民共和国劳动法》还确立了倾斜保护的原则，通过《中华人民共和国安全生产法》而得到进一步升华，深刻体现了立法的人本精神与和谐社会的价值理念。

（二）践行坚守，不越底线

作为一名职业厨师，要尊重自己的职业。要抱着认真的态度对待每一位客人，对待每一道菜品，要守住职业底线不能退缩。既然选择了厨师，就要把它当作事业和学问来做，才能让自己的职业生涯越走越宽。个别厨师在烹饪过程中原料不能物尽其用，造成资源上的浪费，或者不爱护设备，偷吃偷拿，损公肥私等，这些都是职业发展道路上的“绊脚石”。有了经济效益，企业和个人才能有更好的发展，个人与企业是“一损俱损、一荣俱荣”的关系。所以，一定要树立主人翁意识和责任感、使命感，积极发挥自己的聪明才智。

（三）学会职业保护

随着新技术、新设备、新能源的使用，各种各样的食品加工设备为烹饪行业的发展带来了重大变化，也极大改变了厨师的工作方式和工作条件，使厨师的工作方式由传统的经验逐步向科学化、规范化过渡。它们减轻了厨师的劳动强度，使厨师少受“三废”污染之害。但同时也带来新的法律和规范要求，只有在工作中恪尽职守、合规操作才能使工作更有幸福感、成就感、安全感，才

能确保规范操作,学会保护自己。

学会职业保护刻不容缓,不论是职业病的预防、生产安全保障,还是职工合法权益保障等都涉及个人核心利益。厨师要养成规范操作的工作习惯,因为那是最科学最安全的,眼前没出事不代表永远没有事,不要因为一个不好的习惯后悔一生,健康的身体是安身立命的资本。

在职业保护的管理中,企业的管理者也有不可推卸的责任。对于员工自我保护意识不到位的现象,管理者要及时发现,要进行教育引导,使员工树立正确的自我保护意识。如果管理者见怪不怪,不闻不问,只会让员工错误的意识不断得以强化,从而养成一种错误的工作习惯。

要做好职业保护工作,管理者首先要强化自我的安全意识,加强法律法规教育,依法合规管理,充分认识到抓好劳动保护工作的重要性,依法合规经营的重要性。一方面,要教育引导员工树立正确的自我保护意识、遵纪守法意识、安全生产意识,同时也要加强培训教育、为员工选择正确的劳动保护用品及完善纪律规范、制定操作规范,并抓好落实工作;另一方面,员工在工作中也要对职业伤害、安全生产事故、保护自身合法权益有清醒的认识,放任、侥幸心理只会使自己的生命健康以及其他的合法权益受到伤害。

实践探究

餐饮人有"四怕",你最怕什么?

厨师怕什么?

很多餐厅的厨房都是承包出去的,经常是一个厨师长带着自己的人马。由于多年工作在一起,彼此之间的感情都很深厚,那么问题也就来了。当老板开始忌惮后厨或者是生意不景气的时候,最先被辞退的就是厨师。很可能到晚上打扫完卫生,老板就走过来对厨师说:"明天你们都不用来上班了",还没等反应过来就已经被辞退了,厨师反而成了最有可能一夜之间失去工作的职业。

厨师是以手艺养家糊口的职业,也是最漂泊不定的岗位,很多厨师这个月还在上海工作,由于门店生意不好主动辞职后,就被以前做厨师的同事拉去北京。在北京没有干上半年又回老家做事情,天南海北跑,和家人聚少离多常常是厨师生活的真实写照。不得不说现在的职场越来越残酷,很多厨师都想在厨师岗位熬上几年最终转向管理岗位,然而真正能转成管理者的也是凤毛麟角,厨师为出路感到迷茫。试问这种情况下,安全感在哪里?

经理人怕什么?

西装笔挺的经理人同样也没有安全感,一旦超过35岁,从职业的角度来讲要不创业,要不去一个好的平台。创业,需要很多资金投入而很多经理人并没有足够的资金支撑,好的平台虽好但是从不缺乏优秀人才,竞争也十分的残酷。很多经理人有这样的一个经验,当一个餐饮企业急需要挖一个好的"空降兵"的时候,不惜许以重金,然而很多经理人千辛万苦做好了工作,老板却打死也不认账。对于一部分老板来说,"空降兵"看似是挖过来的一个大佬,实则是把"空降兵"身上能学的经验学完,然后就可以让他离开了。试问这种情况下,安全感在哪里?

服务员怕什么?

服务员应该是最不缺乏安全感的岗位,大多数餐馆都包吃包住,而且基本上90%的餐饮企

业都缺基层服务员。但是，服务员作为一线员工，无论是在顾客面前还是在餐饮企业内部都是弱者。一旦发生事情最先拿服务员出气，近年频繁发生的顾客对服务员的暴力事件就足以说明这个问题，而服务员又没有什么背景和人脉，缺乏自我保护能力。即便是在北上广等一线城市服务员的平均工资也不高，在二三线城市及县城甚至更低。即便是这样，很多餐饮企业用罚钱的形式约束服务员，一次迟到一个月的全勤奖200元就没了，当天工资也没了，个别公司服务员损坏餐具也会扣钱，员工每天都在战战兢兢中度过。

一般进入餐饮企业做服务员的都是十七八岁的小姑娘，也许做个五六年能够升到主管或者经理人，但能走向管理层的少之又少。一旦晋升不上去，多数人把餐饮企业当成跳板，一遇到合适的工作就马上改行。试问这种情况下，安全感在哪里？

老板怕什么？

老板最怕出现安全事故，比如火灾、燃气爆炸，如果有人员伤亡，老板就会被直接送进监狱。安徽芜湖一家小饭馆发生爆炸当场剥夺了20个学生的性命，南京一家龙虾馆因为招牌电路起火导致5人死亡。像这样血淋淋的事件时有发生。

让一家餐饮企业最快的死法就是食品安全出问题。越是大的企业越招架不住，近年来频繁曝出的食品安全事件让顾客诚惶诚恐，所以只要食品安全出现问题，市场是绝对不会给任何翻身的机会的，很多餐饮企业老板都害怕食品安全出现问题。

餐饮企业老板另外一个担心的事情要数员工安全了。因为行业的特殊性，餐厅都是管员工食宿的，所以老板就要对员工负责，不仅是员工在餐厅营业时间出了事情老板要承担责任，在宿舍出了事情老板也要背负责任。

老板就是企业的一个大管家，名义上赚很多钱，但其中苦楚又有谁知！餐饮人有很多不容易，但却不一定有人看见。他们很多时候都生活在忐忑里。做餐饮不易，请珍惜我们身边做餐饮的人！

我行我秀

任务要求建议：

1.餐饮人“怕”的根源是什么？

2.餐饮人身边的职业法律保障都有哪些？

3.作为未来的餐饮从业者应该做些什么？

形式建议：分析简报、案例分享（辩论）、手抄报等。

活动收获

我的同伴

我的对手

我的老师

我对自己

评价内容	评价标准	评价(分值:20分)
内容选择	内容合理,紧贴实际	
观点呈现	理例结合、观点明确	
学习过程	积极主动,形式新颖、要点清晰	
语言表达	语言生动流畅,表述合理、准确	
时间掌控	时间控制合理	
亮点		
我的建议		

学以致用

一、小活动

巧思妙招。

二、活动内容

查找在实习和工作中出现的违法违规和侵害我们合法权益的问题，检索梳理出这些问题的原因、危害，寻找解决问题的办法。

三、活动目标

(1) 了解大家在学习中存在的问题。

(2) 提高解决问题的能力和技巧。

(3) 提高自己的沟通、管理、执行能力。

(4) 提升自己的职业核心能力、素养，提升可持续发展能力，提升安全意识、环保意识和遵纪守法的意识。

四、活动过程

(1) 明确任务内容　通过多种渠道和方式了解大家在学习中出现的问题都有哪些，确保内容的真实性、准确性、有用性。

(2) 分工明确合理　组内分工明确，成员各司其职，协作完成。

(3) 特色成果分享　各组成果汇总成问题解决方案，并利用电子演示文稿的形式汇报。同学之间互评，教师点评，针对各组同学搜集的不同问题，组间检验解决办法是否可行。

(魏春龙)

参考文献

REFERENCES

[1] 刘志荣.大学生成才与就业指导[M].武汉:武汉大学出版社,2006.

[2] 腾飞.怎样树立学生的价值观[M].上海:华东师范大学出版社,2010.

[3] 陈素娥.餐饮经营与服务158个怎么办[M].北京:化学工业出版社,2015.

[4] 戴桂宝,王圣果.烹饪学[M].杭州:浙江大学出版社,2016.

[5] 赵建民,金洪霞.中国饮食文化概论[M].北京:中国轻工业出版社,2012.

[6] 日本宗一郎.匠人如神[M].孙曼,译.北京:民主与建设出版社 2016.

[7] 邱杨,丘濂,艾江涛,等.匠人匠心[M].北京:中信出版社 2016.

[8] 唐崇健.匠心管理:如何铸造工匠精神[M].北京:机械工业出版社,2018.

[9] 丛培柱.浅谈烹饪专业学生的综合素质养成[J].现代企业教育,2010(4):79-80.

[10] 秋山利辉.匠人精神[M].陈晓丽,译.北京:中信出版社,2015.

[11] 何守永.工匠精神:向价值型员工进化[M].北京:中华工商联合出版社,2013.

[12] 杨乔雅.大国工匠——寻找中国缺失的工匠精神[M].北京:经济管理出版社,2017.

[13] 封智勇,王欣,余来文,等.职业素养[M].福州:福建人民出版社,2014.

[14] 李淑玲.工匠精神:敬业兴企,匠心筑梦[M].北京:企业管理出版社,2016.

[15] 邵万宽.现代厨房生产与管理[M].南京:东南大学出版社,2008.

[16] 张兴国.宁可不当厨师也不烹饪野味[N].辽宁日报,2010-07-27(A6).

[17] 杜兰.守护百年"焖炉技艺"——记便宜坊焖炉烤鸭技艺传承人白永明[N].首都建设报,2013-01-30(3).

[18] 钟伟,张立淼.李林生:人品决定产品,匠心铸就品牌[N].中国教育报,2018-02-27(4).

[19] 刘广伟.王义均与"三者大师"[J].烹饪艺术家,2017,32(6):2-5.

[20] 钱瑜.中华烹饪技艺传承文化工程启动[N].北京商报,2016-02-03(B4).

[21] 米糖.孙大力:红楼菜之父[J].餐饮世界,2015,15(7):48-49.

[22] 尹雯雯.屈浩:"舍得"中度量的智者人生[J].烹调知识,2010,28(2):30-33.